ＡＩ同僚

我的同事不是人！ＡＩ進入企業早已成真，人工智慧正在做什麼，我們又能做什麼？

Nikkei Top Leader, Nikkei BigData

Part 2

Contents

前言

員工與ＡＩ攜手合作，提昇創造力
經營者的首要任務是提出遠見與宣揚理念

《日經 TOPLEADER》主任編輯委員　田村賢司

在這個ＡＩ（Artificial Intelligence，人工智慧）正式踏入實際應用階段的時代，社會將如何變遷，企業又會發生什麼變化呢？本書以探討ＡＩ正式踏入實際應用階段的原因為開端，帶領各位讀者關注目前已經開始運作的ＡＩ實用化現況，並且介紹ＡＩ的進化將會帶來何種改變。

社會上充斥著各式各樣的衝擊，企業本身很有可能受到影響而發生改變。首先從這個層面切入思考吧！直接面臨巨大變化的，往往都是經營者。針對ＡＩ時代的經營者所背負的任務，身為經營學專家，同時也是早稻田大學商學院準教授的入山章榮指出關鍵點：「最重要的是經營者能提出何種遠見，帶領公司與員工往前邁進。」提出遠見，依循自己的主觀進行闡述，讓員工與持份者（公司中的利益關係人）參與其中，共同打拚事業藍圖。這項工作將變得愈來愈重要。

ＡＩ可以取代制式化的工作，因此專業的資深員工、一般員工、管理階層可能將轉而從事更具創造力的工作與職務。屆時不可能只有經營者一成不變地繼續從事統籌管理的工作。因此，經營者最重要的任務便是讓眾人對未來懷抱希望，展現明確的目標與方向性，勾起眾人的好奇心與關注。

關於這一點將在後面的篇幅會詳加說明。總而言之，如果從一般員工到管理階層，每個人都能充實自我，提昇技能，接納ＡＩ成為自己的「同事」，傳統的工作流程將會產生戲劇性的變化。理論上，員工的創造力愈高，身為受雇者的「勞工意識」會變得愈薄弱。換言之，在勞工獨立作業機會日益高漲的時代，能夠使他們團結一心的關鍵，便是經營者的遠見與理念。

二〇一六年七月，軟銀集團（SoftBank）決定砸下三兆三千億日圓的鉅額收購英國半導體設計公司——安謀控股公司（ARM Holdings plc.）。軟銀社長孫正義曾經發表以下宣言：「我們將以ＩＯＴ（Internet of Things，物聯網）時代的平台技術掌握霸權。」二十年後，一兆個安謀公司製作的半導體將遍布全球，並透過物聯網蒐集情報。軟銀將打造平台把蒐集而來的大數據提供給使用者（企業），創造嶄新的資訊產業。

舉例來說，當我們早上在洗手間盥洗如廁之際，如果能取得當時測量身體狀況的數據，加以分析，然後回傳，或許就能防範疾病於未然。在日積月累的情況下，還能降低醫療費用。可謂同時兼顧商業利益與社會貢獻。

經營者必須超越ＡＩ

一般人常常會描繪不切實際的夢想，或是憑藉第六感察覺到某些事情。「這項特點能引發員工、客戶、投資者，壯大事業版圖。」入山準教授如此說道。

但是ＡＩ無法做到這一點。ＡＩ擅長的是以現有的資料為基礎，進行分析，做出合理的推論。至於「夢想」與「理念」已經超越ＡＩ能力所及，屬於人類特有的領域，也是經營者應當肩負的首要之務。

當然，要展現如此宏大的遠見與理念並非易事。可是，展現能夠吸引員工與客戶目光的目標，本來就是經營者的職責所在。把夢想與理念兩大要素加入目標的過程中，能夠吸引多少人加入呢？身為「一般人」的經營者應該時常被問到這個問題吧。

那麼，員工方面呢？員工的工作方式很可能也會產生各種變化。

舉例來說，精通某領域現場工作的資深「職人」，通常沒有晉升管理階層，他們懂得充分利用豐富經驗與廣大人脈，靠著獨特直覺與技能在某些特定工作有極大貢獻。若說每個日本企業旗下都有僱用這類型的員工也不為過。

朝日啤酒準備開始運用ＡＩ來預測消費者對新商品的需求。該公司於二〇一五年引進

NEC的「異種混合機械學習技術」進行實驗，針對上市販售四個禮拜的新商品做出需求預測。如今，業務與生產等相關部門每天都會聚集在一起，共同訂定出貨計畫。擁有二十至三十年現場工作經驗的資深職人員工們的力量，便能在此時發揮最大效用。「掌握商品售出後的補貨情況與實際販售數字，搭配零售商店面情況與庫存動向等因素加以考量，最後再憑藉資深員工的經驗與直覺做出判斷。」數位策略部長松浦端如此說道。

實際應用AI是為了避免商品數量過度增加，導致人力來不及應對處理的狀況發生，以及減少員工過份依賴個人經驗與直覺的風險。而且以往常常發生無法有效利用販售數據的情況，如今則可以利用AI落實精準預測的經營方針。

目前普遍推測，還需花費幾年時間才能把運用AI所得的預測結果與生產線實際結合起來，到時候職人的職責也將有所改變。「企業不必再花費二十到三十年的時間栽培擁有這種獨特直覺的資深員工，也能大幅縮減為數眾多的業務會議。」擔任相關部門副部長山本薰如此說道。把職人的見識融入AI，如此一來，不僅適用於各個商品，還能用來擬定多種類商品的販售策略。職人本身也能利用AI推算出來的預測結果進行各種分析。職人的創造力因此提升到更高層次也並非不可能之事。

當然，不是所有職人都會遭遇這種情況。像是其他公司的新產品突如其然上市販賣，導致銷售預測嚴重失準。此時，職人的職責很可能就會轉變為解決這種ＡＩ不擅長處理的突發事件。或許我們也可以說職人在不久的未來將會成為ＡＩ的後援。資深員工的職責很有可能會像這樣漸漸地起了變化吧？

讓ＡＩ蛻變升級的一般員工

至於內勤職務又將變成如何呢？最近有製造商把一套搭載ＡＩ功能的系統引進自家客服中心。ＡＩ從旁聆聽顧客與客服人員的問答內容，加以分析，然後在畫面上顯示出適當的回答與相關商品。如果遇見超出常見問答集（ＦＡＱ）範圍以外的問題，ＡＩ還能即時上網搜尋，提前準備好資料供客服人員回答。如果進行到此階段還是無法提供解答，此時ＡＩ會把問題向上提報給主管。若該問題能夠被分類歸納，ＡＩ就會將新問題加入問答集之中。

客服人員的生產能力因此向上大幅提升。協助製造商引進系統的畢馬威諮詢公司（KPMG Consulting）的合夥人田中淳一先生表示：「人數只要原本的十分之一，還能贏得顧客的信賴。」會產生變數的，只剩下百分之十的客服人員。理所當然的，和傳統工作流程相比，客服人員的生產能力向上攀升，得以受理更多顧客的諮詢，個人的知識與應對能力也有所成長。在這個過程中增長見識、把所學新知靈活運用的客服人員便能為ＡＩ升級做出貢獻，也能擔當起指導新進客服人員的重責大任。

因此，我們也能看出一個道理——當人類與ＡＩ之間的關係變得愈來愈緊密，人類將漸漸轉而從事更具創造力的工作。當然，在引進ＡＩ的過程中，有些人會因此離職，可是引進ＡＩ的企業在生產率不斷攀升的情況下，勢必會增加其他必要的職務。這也是經營者必須思考的問題。

管理階層的任務是持續不斷地深入探討，找出適當對策

面對經營者與一般職員工作上的變化，管理階層的職務會產生什麼改變呢？在各種定型化職務漸漸被ＡＩ取代的情況下，管理階層的需求人數減少，管理階層將轉而從事更具創造力的工作。不過，一般人應該很難想像具體情況吧。

讓我們稍微換個角度來思考吧，活用大數據的時代已經來臨。分析大數據並且將結果運用於經營管理的專家，我們稱之為數據科學家（Data Scientist）。發展線上支付系統的數據科學家有井勝之說道：「我們可以從大數據中看出人們做決定的端倪。」

舉例來說，當一個人打算使用智慧型手機購買某種商品，開啟網頁後，在哪個網站停留時間

最久，最後決定購買商品、當時搜尋了哪些關鍵字等等，數據科學家會針對以上資訊進行分析。後續當這類型的消費者再次看見類似網站的時候，便能發送消費者有興趣購買的商品廣告。這些分析結果也會提供給管理階層與經營者。

數據科學家可說是大數據時代引領先驅的職業。但是進入ＡＩ時代後，即使是這種專業分析，一般人只要操作軟體就能輕鬆獲得其中一部分的結果。當ＡＩ變得如電子試算表軟體Excel一樣易於操作，管理階層的工作內容是否也該轉變為持續探討「為什麼會這樣」這個議題呢？管理階層可以藉由ＡＩ在一瞬間獲得各式各樣的大數據。或者，在前述提及的朝日啤酒案例中，設想會在下一個世代登場的「高度化職人」，管理階層也能徵求他們的意見。換言之，包含以上情況在內，管理階層必須洞悉在市場內部即將掀起一場巨變。從管理階層的立場來看，唯有純熟掌控ＡＩ，才能與ＡＩ並肩前進。

至於商務人士在這個ＡＩ開始運作的時代該如何自處呢？ＡＩ不是你的敵人。但是為了讓ＡＩ化身為同事提供助力，自己也需要努力提升能力。期望本書能為各位讀者帶來些許幫助。

Part 1

當今AI崛起的原因？

ＡＩ是人類思想終極薈萃、在資訊爆炸的時代中不可或缺的存在

一提到ＡＩ，對於ＩＴ產業不熟悉的讀者可能馬上會聯想到擁有人類智力的軟體。

可是，事實上兩者之間差別極大。二〇一一年，日本以國立情報學研究所（ＮＩＩ）為中心，設立了一項名為「機器人能否上東大」的研究計畫。擔任計畫主持人的ＮＩＩ社會共有知識研究中心所長新井紀子強調：「ＡＩ無法理解文章與字詞的意思。」

雖然統稱為ＡＩ，但其中涵蓋了各式各樣的技術。科學家確實有在進行利用ＡＩ模擬人腦思考的研究，不過以現在的電腦處理效能來說，尚不可能達到實際應用的程度。如今，統稱為「ＡＩ」並且被廣泛使用的技術種類繁多。只要充分認識「機器人能否上東大」這個研究計畫，就能確切感受到其中差異。

這項研究計畫的內容是讓搭載ＡＩ的軟體：「東Robo君」挑戰東京大學的入學考試（請參照P.182〈從「東Robo君」一例得知ＡＩ擅長的領域與人類無可取代之處〉）儘管這個計畫中的ＡＩ都叫做「東Robo君」，實際上針對不同科目，研究團隊也準備了不同程式來應試。為了看

懂試題文章，每個科目的程式都有運用到「自然語言理解系統」，可是解題技術則是隨著科目的不同而有很大的差異。數學方面，利用能靈活運用名為「量詞消去法」技術的計算機代數系統解題。而物理方面，將試題分為「平衡問題」、「動力學問題」、「初期值問題」等類別之後，依照不同類別準備不同的解答方式。在世界史或現代社會等社會科目方面，為了回答高知識性的問題（亦即測驗背誦能力的試題），運用了「文字蘊涵識別技術」來應對。

從以上對策可以看出被稱為AI的技術各自有擅長與不擅長的領域，可以處理各種問題的完美技術其實並不存在。新井小姐強調：「構成AI基礎的數學是由『邏輯』、『機率』和『統計』組合而成。研究團隊便是使用三種要素的其中之一，讓AI趨近於人類思考的價值觀與意義。」

怎樣才算是AI技術？這個問題其實很難界定

運用邏輯、機率和統計來解決問題的專門技術，科學家從很早以前便已經著手研究。舉例來說，被運用在汽車導航上、能規劃出最短路徑的「戴克斯特拉演算法」，早在一九五〇年代便已經被開發出來。許多購物網站都有刊登的「推薦商品」，便是對連同使用者消費習慣在內的購買商品相關關係資訊進行分析後所產生的結果。這項技術的開端可追溯到一八二二年出生的英國統計學者法蘭西斯．高爾頓的研究結果。

既然如此，究竟怎樣的技術才能稱之為ＡＩ呢？事實上，這個問題的答案會根據時代的變遷而有所改變。一九七〇至八〇年代也曾掀起一股ＡＩ熱潮，當時ＡＩ技術實用化的典型例子就是「透過知識庫運作的專家系統」。這是讓電腦具備人類專家知識（邏輯思考）的成功案例。專家系統會隨著回答問題的答案不同而導出不同結果，只要把它想成一種實裝了大量「是非流程圖」的構造即可。

打敗世界頂尖棋王李世乭而一戰成名，由美國Google子公司開發出來的電腦圍棋程式「AlphaGo」。身處已知曉這種先進實例的情況下，如今以自身的感覺來說，幾乎沒有人會把專家系統這種構造當成ＡＩ技術。我們該如何判斷什麼是ＡＩ技術呢？換句話說，要如何定義ＡＩ其實是一件很困難的事。

瑞可利的石山先生在文章中（P.033〈誰能將同事的力量發揮到極致？享受和他人攜手合作的玩心正是成功的祕訣〉）也曾提及同樣的問題。二〇一六年九月，史丹佛大學公開發表一份研究報告「百年來關於ＡＩ的研究」，文中是如此定義ＡＩ的：「所謂的ＡＩ，是以模仿人類的神經系統運作，如何用身體去感覺、學習、推理、行動這種構想為基礎（但是典型的處理功能例外），進而研發出來的電腦科學、科技集合體。」不過，很多人類用來輔助作業的程式應該都符合這個定義吧。

「深度學習」促成開發技術突破性的進展

如今，ＡＩ再次受到世界矚目是有原因的，那就是「深度學習」（Deep learning）這項技術的存在。這項技術終結以往停滯不前的窘境，促成開發技術突破性的進展。當然，電腦與智慧型裝置也是因為處於相同大環境的緣故，處理效能才能有飛越性的進步。

深度學習是以讓電腦實際具備和人類學習能力一樣的機能為目標，屬於「機械學習」技術的一種。這種技術利用模擬人腦機能構造的「人工神經網路」來進行機械學習。

包含深層學習在內的所有機械學習技術，在接收大量資料之後，其基本機能皆是按照學習結果提供某種規則性與分類提示。為了獲得規則性或分類提示，傳統的機械學習技術必須經由人類指定重點範圍。例如，在辨別兔子的照片時，人類必須事先指定「兔耳為特徵」。可是在這種狀態之下，便無法成功辨識貓、犬的照片。由於傳統的機械學習技術不懂變通，所以被廣泛使用的案例可說是少之又少。

相對的，深度學習可以藉由大量讀取被標示為兔子的照片，自動篩選出相關特徵，找出連人類都無法察覺的特徵。由於具有獲得新知的特點，所以人們也期待深度學習有朝一日能發展出超越人類能力的技術奇異點（Singularity）。再者，深度學習與以往的ＡＩ技術截然不同，未來是否有望憑藉單一技術廣泛應用於不同用途呢？人們心中懷抱的期待可說愈來愈高。事實上，AlphaGo 也採用了深度學習作為基礎技術。

雖然以下的說法將大大偏離學術定義，不過簡單來說，只要掌握一個重點即可：面對現有專門技術所無法輕易解決的問題，在短時間內提供或許不是最佳、卻是較好解答的技術，這就是所謂的「ＡＩ」。

ＡＩ將成為「第四次工業革命」的動力

「與ＡＩ成為同事」的時代勢必會在不久的未來降臨。依據工作內容不同，ＡＩ的能力在某些領域甚至會超越人類。AlphaGo 多次下出被解說者稱為「人類棋士絕對不可能下出來」的走法並且贏得勝利。據說從那之後，身為人類的專業棋士也爭相下出相同走法。雖然東 Robo 君沒有順利考上東大，成績卻超過考生的平均分數，達到考取被合稱為「ＭＡＲＣＨ」、「關關同立」

的關東、關西頂尖私立大學的水準。（編者著：日本名門大學的統稱，關東為明治大學、青山學院大學、立教大學、中央大學、法政大學；關西為關西大學、關西學院大學、同志社大學、立命館大學。）

經濟產業省也開始進行讓AI紀錄國會答辯草稿的實證實驗。把過去五年的國會議事紀錄全部存進去，接著測試AI是否能根據過去的答辯內容回答問題。其目標是推動「勞動方式改革」政策，提高公務人員的勞動生產力。如同這些例子所顯示的意義，在某些白領階級職務上，執行工作的核心可能將漸漸由人類替換成AI。

雖然如此，但即使哀嘆工作被AI奪走也無濟於事。人類在工作方面也曾經被機器取代過許多次。第一次工業革命有蒸汽機；第二次工業革命有倚靠電能運作的電動馬達與倚靠石油運作的內燃機；第三次工業革命因資訊通訊技術蓬勃發展的緣故，也在生產現場出現許多電腦取代人類職務的情形。如今驀然回首，應該很少人會將這些變遷視為負面影響吧？

恐怕在遙遠的未來，許多職業會被連結雲端與IOT（物聯網）的AI所取代，這樣的變遷應該會被稱為「第四次工業革命」吧。對人類而言，社會整體的勞動生產力大幅上升絕非壞事。

如同本書接下來即將介紹的瑞可利石山先生、NII新井小姐、野村綜合研究所的文章所言，AI無法勝任的工作不勝枚舉。若是AI可以勝任的工作便交由機器處理，人類必須和這群「同事」一起共事，轉為負責唯有人類辦得到、附加價值高的工作。

看清這股未來趨勢，世界上已經有許多先進國家紛紛砸下重金投資ＡＩ研究。日本經濟新聞的報導（二〇一六年十二月九日）指出，根據文部科學省科學技術・學術政策研究所的分析，美國與中國在各大國際學會的發表次數遙遙領先其他國家，日本輸在起跑點的現況格外引人注目。在數據科學教育上也是如此，領先日本的兩國也積極投資ＡＩ研究。在這樣的大環境之下，我們不難看出下個時代趨勢：不僅在高等研究的領域，ＡＩ也將以「同事」身分融合於你我的工作環境之中。擔憂少子高齡化，移民政策不透明，這樣的日本更需轉舵，航向實際應用ＡＩ技術的航道啊！

ＡＩ不是「魔杖」，搞錯用途可能危及性命

目前普遍預測藉由執行各種工作，ＡＩ技術很有可能引發技術奇異點。那麼這些相關領域的工作是否該全面交由ＡＩ取代呢？關於這個問題，我們還不能妄下斷言。因為ＡＩ也會出錯。

就連戰勝世界棋王的AlphaGo也在唯一吞下敗仗的第四戰，接近終盤時，連下好幾步壞棋，致使戰況一口氣朝最壞方向惡化。在實況轉播擔任解說員的高尾紳路九段評論道：「完全不懂用意何在。這是很明顯的壞棋。」此外，在美國Google的「Google相簿」上傳相片後，ＡＩ會自動在照片上標注標籤，可是ＡＩ卻在黑人男性的照片標注「大猩猩」這個字眼。

以上這些例子都是ＡＩ的「小失誤」，我們或許可以一笑置之。可是若是這些失誤發生在其他用途上，可能會招來莫大的災害。

最具代表性的例子便是美國特斯拉汽車於二〇一六年五月發生的死亡車禍事故。這輛汽車搭載有運用ＡＩ的自動駕駛系統。特斯拉的自動駕駛系統被定位為協助駕駛的輔助系統，不過事實上，即使駕駛放開雙手，車子仍然會繼續行駛。經過調查後，發生事故的當下，駕駛沒有手握方向盤，於是這起事故也被媒體報導為「自動駕駛的首樁死亡車禍」。

如今，ＡＩ也開始運用於醫療現場（詳情請參照P.166〈運用『華生』治療癌症病患〉）。萬一ＡＩ發生失誤，將會釀成危及生命的大事故。不管是什麼職業，在交由ＡＩ代為執行職務之前，都必須審慎考量技術熟練度，以及發生失誤時所帶來的風險。

並肩進步的夥伴：

人類應當如何看待ＡＩ？

Recruit Holdings
Recruit Institute of Technology
推廣室室長
石山　洸

從二〇一六年下半年開始，充滿科幻性質的人工智慧熱潮落幕，人們重新看待人工智慧並且將它視為一股商機，關切的議題也有逐漸朝實際層面進展的趨勢。這股趨勢同時也顯現於報章媒體。時常占據媒體版面的關鍵字「ＡＩ」，其著眼點也從技術層面漸漸轉移到商務層面。尤其最近在「第四次產業革命」的種種文章中，ＡＩ更是被熱烈探討的話題。

導致「第四次工業革命」這個關鍵字廣為流傳的原因有兩個。第一個原因是一份關於第四次工業革命的研究報告在二〇一五年的世界經濟論壇（又稱達佛斯論壇）上被正式發表。日本將這份研究報告命名為《第四次工業革命：達佛斯論壇所預測的未來》（克勞斯．史瓦布著，世界經濟論壇翻譯，日本經濟新聞出版社）並且出版成書。這是一本凝聚第四次工業革命世界觀的好書，也可說是適合商務人士用來了解ＡＩ與商業有何關係的必讀入門參考書。

第二個原因，在日本政府的主導下，已經明確設下第四次工業革命來臨時的經濟成長目標。以二〇二〇年為里程碑，為了將現今不足五百兆日圓的ＧＤＰ（國內生產總值）拉高到六百兆日圓，必須透過第四次工業革命達成提升其中三十兆日圓的目標。這兩起事件導致第四次工業革命這個關鍵字深植人心，人們探討的議題也大幅改變：從「科幻型的AI論」轉換為「經營型的AI論」。

在政府的規劃中，以AI為中心所創造出來的三十兆日圓產值占全GDP的百分之五。因此，到了二〇三〇年，各個企業很可能會有百分之五員工被AI取代。反過來說，如果當二〇三〇年來臨時，AI取代勞工的達成率不足百分之五，在日本的第四次工業革命便會以宣告失敗收場。總而言之，我們能否把AI當作同事一起工作，這件事將成為帶動日本經濟成長的重要關鍵。

在美國也開始出現「機器人流程自動化」（Robotic Process Automation）、「數位勞工」（Digital labor）等關鍵字。有「AI同事」存在的世界不再遙不可及，反而是現今應當立即探討研究的重要課題。

日本企業時常出現經由「下意上達」而非「上意下達」的模式制定決策的傾向，所以即使最高經營者編列預算發展AI技術，也無法掀起革命浪潮。位居工作現場的每一名員工要在何時、以何種方式與AI成為同事一起工作？他們又將創造出多大的附加價值？這些都是最高經營者必須精心規劃的要點。

在人類身上尋求創造力究竟是什麼意思？

單靠ＡＩ無法創造出附加價值。另一方面，單靠人類的勞動力也無法讓第四次工業革命實現，所以才需要兩者攜手合作。為了達到創造附加價值的目標，最重要的關鍵在於明確區分雙方勞動力的差異。

專門研究人類於日常生活中社會互動的美國社會學者厄文．高夫曼，對於「擁有對方欠缺的必要價值」這點極為重視，並且將其視為促使人類同夥進行策略聯盟的基本要素。也就是說，「擁有ＡＩ缺少的必要價值」是人類與ＡＩ同事變成合作夥伴的第一步。

經濟學上有「替代品」與「互補品」的觀念。所謂的替代品，如同咖啡之於可可飲品的關係；互補品則像咖啡之於砂糖的關係。相較於ＡＩ的勞動力，人類的勞動力若成為替代品，則競爭關係就會產生；從另一方面來說，若成為互補品，協助關係便會油然而生。強力主張我們人類擁有ＡＩ所欠缺的必要價值，這是實現後者的唯一方法。

既然如此，ＡＩ所缺少的人類價值究竟是什麼呢？如同許多讀者第一時間想到的，那就是「創造力」。不過，近來ＡＩ也能寫小說、作曲、繪畫等等，認為人類在創造力這方面也居於劣勢的讀者應該不在少數吧？但是以現階段來說，可以斷言人類的創造力還是遠遠優於ＡＩ。沒錯，因為人類本身即代表著「發明人工智慧」的這份創造力。

下一頁（P.029）的圖表顯示出我們邁向「AI同事」時代的技術路線圖。在這份架構圖中，將人類的創造力分為「開放創造力」與「積極創造力」兩大類，分別代表X軸與Y軸，再將每種創造力分為三階段作為評價。積極創造力的三階段代表以下進化過程：「不使用AI（不關心）→使用AI（低度關心）→研發AI（高度關心）」，愈後面代表愈接近積極創造力。至於開放創造力的三階段則代表另一層意思：「運用AI工作供自身溫飽（生理需求）→運用AI工作供自身娛樂（心理需求）→運用AI工作造福大眾（社會需求）」，愈後面代表提供價值的對象範圍愈廣泛，愈趨近於開放創造力。

這份架構圖的終點是AI同事普及率達到百分之五的二〇二〇年，積極與開放的兩種創造力交織成「研發AI，讓社會變得更加美好」的最終型態。或許會有很多讀者認為那是一項難以實現的目標吧？可是距離二〇二〇年尚餘二年，每年前進一格，按照自己能力所及的方向依序進步即可，只要這麼想的話，是不是就覺得這個目標不難實現呢？

人類該消極看待AI技術進步的世界、亦或是積極面對呢？以結論來說，人類必須採取積極面對的態度。接下來將介紹兩個深具代表意義的工作坊。

編者註：工作坊（Workshop）是心理學中的名詞，兩人或兩人以上透過討論特定主題整合出共識，有別於研討會幾乎都是主講人講授，工作坊可以讓參與者互相討論、思考與交流。

消極面對ＡＩ是反烏托邦思想、積極面對ＡＩ是烏托邦思想

第一個是於二〇一三年舉辦，名為「未來的婚姻～Merry Me! 2050」的工作坊。這個工作坊以「科技進步的二〇五〇年的婚姻」為主軸，嘗試用批判性手法設計出各種作品。在這個工作坊內，「到了二〇五〇年，從出生的那一刻起，大數據與ＤＮＡ分析結果便指定了自己的結婚對象。」，有名學生以這種世界觀為構想發表了相關作品。

第二個是為了紀念由創辦世界聞名的設計管理顧問公司ＩＤＥＯ的湯姆．凱利所執筆的《創意自信帶來力量》出版成書的工作坊。在這場主題演講上，凱利說道：「日本是世界上最有創意的國家，但是唯有日本人不這麼認為。」將該書解說的思考方式付諸實踐的日本人也以受邀演講者的身分上台演講。其中有一人對自身容貌毫無自信，但是他積極應用社群媒體、遊戲化（譯註：Gamification，意即在非遊戲的場合中使用遊戲元素，使過程變得有趣，同時促使人們達到一定的目標。）等嶄新技術，最後順利找到結婚對象。

我們從這兩個工作坊窺見的世界觀有何差異呢？兩者之間的差別在於我們要消極地、還是積極地運用以ＡＩ為首的嶄新技術。如同許多讀者從前述例子所感受到的，消極的世界會讓人想起反烏托邦（黑暗世界），積極的世界則會讓人想起烏托邦。要以同事身分與ＡＩ共事，我們人類

任誰都能利用AI娛樂大眾！

邁向「AI同事」時代的勞動方式技術路線圖

獲得的第一個提示便是「相較於AI，如何積極主動地創造出附加價值」。

解開別人賦予的問題是AI的強項。可是，AI無法分別哪個問題才有解答的價值。找出問題所在，這就是人類的工作。位於開放創造力的第三階段，名為「造福大眾」的能力即是為了找出「對於他人有何用途」的力量，若是將此替換成「發現社會課題的力量」，相信各位讀者應該就會很容易理解了吧？人類的辨識能力正是最強大的物聯網、感測器（Sensor），這些都是發現市場需求的最佳設備。

在提供服務的形式上，也有人類發揮所長之處。因為在某些情況下與人類溝通獲得服務的形式較受歡迎，有些情況則適合交由AI提示最佳選擇。

AI與人類一起工作，創造出附加價值的價值鏈（Value chain）可以區分為三步驟：一、受開放創造力影響而產生的認知價值（Value Cognition）；二、受積極創造力影響而產生的計算價值（Value Computation）；三、因雙方合併而產生的合作價值（Value Collaboration）。不能單靠積極創造力，為了能夠與開放創造力反覆交織統合，共同創造出附加價值，「開放創造力」也是極為重要的一環。

從技術奇異點轉變為多重奇異點

積極而開放的創造力將在往後的日子孕育出各式各樣的ＡＩ同事。既然如此，ＡＩ同事的能力何時會超越人類呢？

這個答問其實就藏身在貼近你我身邊的問題之中。各位讀者，你們是否能將人類同事的能力按照單一標準依序排名呢？請你們在心中任選兩名同事。「比起Ａ同事，Ｂ同事做起這份工作更加得心應手；但是那件工作屬於Ｂ同事擅長的領域啊！」各位是否會陷入這種苦惱之中呢？或者，請各位選定一位同事，將他與別的同事互相比較，最後得到的評價應該不盡相同吧？

人類的能力是一種出自相對價值觀而存在的東西，我們無法靠單一價值觀來評判。若以同事的眼光來看待ＡＩ，結果也是一樣的。在沒有評量標準與相同價值觀的前提條件下，「ＡＩ的能力會超越人類嗎？」這個問題永遠不會有解答。

在以「ＡＩ超越人類」為主題的文章中，必定會登場的關鍵字正是「Singularity」（Single＋larity），中文翻作「技術奇異點」。在探討ＡＩ的文章中，這個單字具有「ＡＩ為超越人類智慧的奇異點」之意，也常常被使用在「到達某個階段之後，ＡＩ的能力將全面超越人類」這樣的文章之中。

但就如前文所提及的——人類的能力無法用單一標準與價值觀來評斷。身為筆者所屬的瑞可利ＡＩ研究所（Recruit Institute of Technology，簡稱ＲＩＴ）的顧問，同時也是美國卡內基美隆大學教授的湯姆．Ｍ．米契爾，大力倡導「Multilarity（Multi+larity）」意即多重存在的奇異點。若站在使用單一的絕對標準評斷人工智慧優劣的大前提下，我們可以將「ＡＩ超越人類智慧」這件事定義為一種現象或是一個技術奇異點。但是和評斷人類能力的情況相同，ＡＩ的智慧也無法用單一絕對標準來做評斷，所以多重奇異點是一種相對性的存在。以此為前提，由於ＡＩ超越人類的現象不只一種，最後將導致奇異點以複數形式存在於世。米契爾教授提倡「Multilarity」這個單字的主要起因就是源自對於ＡＩ與人類的關聯性被描寫為「All or Nothing（獲得一切或一無所有）」的擔憂。

ＡＩ同事和人類一樣，具有多樣性的特質。然後，孕育出那份多樣性特質的，正是人類的積極創造力與開放創造力。創造力的多樣性生育出ＡＩ的多樣性，成為打造繁忙富裕社會的泉源。

石山　洸
二〇〇六年東京工業大學研究所綜合理工學研究科智慧系統科學，後入瑞可利公司，曾在網路行銷室等單位工作，在跨部門團隊中擔任強化多種Web服務的職務，接著成立新公司。三年內歷經事業成長茁壯與併購投資的經驗，二〇一四年，就任Recruit Holdings Media Tecnology所長。二〇一五年就任現職。

誰能將同事的力量發揮到極致？

享受和他人攜手合作的玩心正是成功的秘訣

Recruit Holdings
Recruit Institute of Technology
推廣室室長
石山　洸

接下來，筆者將以ＡＩ作為商用的實例為基礎，說明把哪種領域的工作託付給ＡＩ可以達到最大的改革效果。若想預測「ＡＩ同事」時代何時到來，詳細了解實例是非常重要的事情。首先，先針對這個理由加以說明。

從實例確認引進ＡＩ的成效是極其重要之事

「以ＡＩ為中心的技術將奪走人類的就業機會」，相信很多人都看過類似這樣的報導。不過，很少人會知道實際上哪種機械裝置將造成ＡＩ奪走就業機會的情況發生。為了驗證這一點，二〇一六年十月舉辦了一場名為「ＨＲ首腦會議二〇一六」的活動，筆者在名為「最新腦科學，受到ＡＩ、ＩＴ進化的影響，人力資源將發生何種變化？」的講座登台演講時做了一個實驗。對參加該活動約兩百位人力資源相關人士進行舉手制的調查。

第一個問題是「看過AI奪走就業機會相關報導的人請舉手」，舉手的人幾乎高達百分之百。下一個問題是「有人看過牛津大學麥可．A．奧斯本（Michael A. Osborne）所做的調查內容的相關報導嗎？」不愧是人力資源相關人士，這次有近半數的人舉手。接下來，筆者試著詢問有誰實際看過該調查的研究報告，舉手人數瞬間銳減到百分之十以下。當筆者問及最後一個問題——有誰理解該研究報告中所提及的「高斯過程（Gaussian Process Classifier）」，此時終於完全沒有任何人舉手。

這並非縝密的實驗，用意只在對「AI奪走就業機會」這個問題，描繪出世人具有何種刻板印象的具體框架。針對科技與就業機會的問題，在上一篇文章提及的湯姆．M．米契爾教授指出以下重點。

「政府應該引進能夠理解、觀察、追蹤科學技術帶給勞工影響的嶄新計畫。政府領導者原本就該提出重要政策，解決就業變遷、貧富差距、教育必要性等問題，但令人吃驚的是，實際上連解決問題時所必須用到的基本具體情報都幾乎沒有蒐集。舉例來說，在美國，想要蒐集能夠回答以下幾個基本問題的情報，簡直難如登天。

目前哪項科技最可能取代人類？哪項科技能創造出最多種新興職業？引進科技會造成哪個經

濟部門增加就業機會？亦或是減少就業機會呢？領導者若想做出適當的決策，以上這些問題的答案是不可缺少的要件。因此，我強烈建議除了這些問題之外，政府應該徹底調查所有相關問題的答案，向外界公開這些情報。幸運的是目前查詢連線資料的門檻愈來愈低，政府可以打造全新的資料蒐集手段，和已掌握重要資訊的企業攜手合作，獲得明確答案的目標應該不難達成。」

擔任Recruit Institute of Technology執行長職務的亞倫・阿萊維（Alon Halevy）也指出以下重點。

「科技取代的不是職務而是作業內容。新興職務看似不斷湧現，但事實上，有些職務與傳統職務相差無幾，也有許多長年以來沒有明確職稱的工作內容產生了極大變化。若站在宏觀角度單看就業機會的增減，根本無法闡明這類問題的答案。以微觀角度看科技取代每項作業的現象，立場若改為宏觀角度，將會招來什麼變化呢？其中的因果關係一定要逐一仔細調查清楚。」

米契爾教授與阿萊維所提出的意見，其共通點是跳脫充滿刻板印象的議題，強調「從具體實例確認詳細成效」這種研究途徑的重要性。接下來將分析成功引進ＡＩ技術的實例。

解除數據科學家人力不足的危機

大數據作為商用的需求大幅成長，預估在不久的未來，人類將面臨數據科學家人力不足的危機。二〇一一年五月美國麥肯錫公司對外發表一份報告書《Big data: The next frontier for innovation, competition, and productivity》，計算出美國直到二〇一八年為止將短缺十四萬至十九萬名具備高階分析技能的人才、一百五十萬名有辦法運用大規模的資料集分析結果做出決策的經理人與分析家。在藉由引進ＡＩ技術提高產能這方面，數據科學家可說是最深受期待的職務。

對這塊領域著手進行相關研究的企業之一，便是美國的機器學習自動化公司DataRobot。該公司提供運用ＡＩ取代數據科學家部分工作的程式「DataRobot」給外界使用。這個程式能讓以往由數據科學家負責處理的工作，變得猶如使用電子試算表軟體Excel一樣易於操作。把Excel的資料拖放到DataRobot，選定有意預測的項目，按下按鈕，就能生成一份預測演算法。換言之，即使是對數據分析毫無概念的人，也能勝任數據分析家這份工作。

這個例子正好對應到阿萊維所提到的「作業」與「職務」的關係。例如，從某個職業的十項必要作業中，取出八項作業交由ＡＩ代為執行。如此一來，想就任該職業的人類只要學會與剩下兩項作業息息相關的必要技能即可。若從這個角度來思考，我們就能發現ＡＩ取代作業一事並非單純地奪走就業機會，也有可能增加就業機會。

筆者所屬的瑞可利公司在二〇一五年十一月投資DataRobot，等到二〇一六年九月底，將該工具引進瑞可利集團的各個子公司進行實驗。這個實驗在集團旗下的十三間公司，合計八十個組織內施行，結果總共製作出4855個預測模型。其中約有八成的預測模型是由與數據科學毫無關聯的一般員工趁工作空檔所製作出來的。

若把預測模型的開發工作委託外包，通常製作一個預測模型的平均報價是300萬日圓，由此可以算出4855個預測模型的總價高達145億日圓。光靠引進DataRobot，就能創造出如此高昂的價值。因此我們可以評斷在這個實驗中AI技術所帶來的生產能力可謂非常之高。

擔任數據科學家的員工也能運用該工具，大幅改變過去的工作方式。一直以來，資料清理、選定預測模型和調諧參數所花費的時間大約占整體作業時間的百分之八十，可以用來解決新問題的問題公式化的作業時間反而只占其中百分之二十。如果使用DataRobot，前者的分配比例便能縮減至百分之二十，真正創造價值的後者的作業時間可以提高到百分之八十，在一定時間內所能完成的預測模型數量將上升五倍。最後，數據科學家可以獲得更充裕的時間，與各經營單位人員進行討論，發現其他重要課題。

分析這起實例，發現引進DataRobot可以創造以下成效：一、彌補數據科學家人力不足的缺口；二、非數據科學家也能勝任數據科學家的工作，增加就業機會；三、提升非數據科學家與數據科學家的生產能力；四、數據科學家擁有更多構思創意的時間，創造新價值；五、延長數據科學家與其他部門的溝通時間——ＡＩ讓以上五項正面因素得以成真。

引進新工具打造基礎建設，讓每個人都成為ＡＩ開發者

參照刊載於〈人類應當如何看待ＡＩ？〉一文中的技術路線圖（P.029）。將數據科學家的實例與此圖相對照，「全體員工參與ＡＩ開發作業」這件事在Ｙ軸（積極創造力）屬於第三格的「研發」階段。從「數據科學家必須親自與客戶溝通尋找課題」這一點來看，在X軸（開放創造力）一樣屬於第三格，也就是「造福大眾」的階段。換句話說，這起案例已經抵達技術路線圖的終點。

如上所述，打造非專家也能參與ＡＩ開發作業的環境是非常重要的。這也是在第四次工業革命中維持競爭優勢的必要條件。舉例來說，請設想兩家企業。Ａ公司擁有二十名ＡＩ研究員，一年管理一百件企劃案。Ｂ公司則只有兩名ＡＩ研究員，但因為具備完善的基礎建設

（Infrastructure），對於程式設計、數據分析等技能一竅不通的一般員工也能參與ＡＩ開發作業。在上個實例中提及的DataRobot就是一種完善的基礎建設。從Ｂ公司的情況來看，如果公司擁有五百名員工，由於全體員工都能執行ＡＩ開發作業，每人一年負責十件，一年下來總共可以管理五千件企劃案。

此時，倘若Ａ公司與Ｂ公司互相競爭，誰能勝出呢？答案當然是Ｂ公司。理由有兩點。第一點是加快引進ＡＩ技術到工作現場的腳步。數據資料是維持ＡＩ競爭優勢的重要因素，在容易取得數據資料的工作現場，ＰＤＣＡ（Plan-Do-Check-Act的簡稱，代表規劃、執行、查核、改善）會以飛快速度持續循環，成為致勝關鍵。第二點是得以執行的企劃案件數多。雙方的企劃案件數相差五十倍。即使ＡＩ專家為數不多，只要打造完善的基礎建設，全體員工都能從事ＡＩ開發作業。

或許很多人認為擁有ＡＩ先進技術的歐美企業僱用了許多專家，但是令人意外的是大部分企業採用的是Ｂ公司的方法。例如，美國Google開放名為「TensorFlow」這個開源軟體庫的原始碼，讓每個人都能輕鬆使用被視為ＡＩ最新技術的「深度學習」功能。但是「TensorFlow」其實是該公司為了打造完善的公司內部基礎建設所研發出來的學習系統。

若再稍微加以詳細整理，ＡＩ的開發企劃案分為三階段。第一階段是「個人化」，處於只會採用數名ＡＩ專家的狀態；第二階段是「組織化」，處於以「大數據部門」等組織為主管理企劃案的狀態；第三階段是「民主化」，處於運用基礎建設讓全體員工參與ＡＩ開發的狀態。致力研發數據分析與ＡＩ技術的日本企業，大部分都處於第二階段。考慮未來的競爭策略與落實第四次產業革命，日本企業必須朝第三階段舉步邁進。

利用ＡＩ檢驗失智症照護法的功效

接下來介紹將ＡＩ運用於看護領域的實例。在少子高齡化急速加劇的日本，看護現場人力不足與居高不下的離職率儼然成為一項重大問題，所以把ＡＩ引進看護業界已是眾人引頸期盼之事。

如今最受矚目的失智症照護法之一便是源自法國的「人性照護法（Humanitude）」。這是一項由伊夫．吉內斯特（Yves Gineste）與羅賽特．馬科蒂（Rosette Marescotti）所提出，以相關哲學觀念為基礎，加入具體實踐的新技術所構成的全新失智症照護法。德國、加拿大、美國與日本都漸漸開始採用這項照護法。

這個超過三十年的歷史的照護法，卻一直遭到某個因素阻礙，導致普及率停滯不前。那個因素就是「人性照護法真的能治療失智症嗎？」此時挺身為人性照護法發聲的，正是ＡＩ研究人員。靜岡大學竹林洋一研究室把被照護者接受人性照護法的過程錄下來（包含裝上ＮＩＲＳ，又稱近紅外光光譜儀光學檢測，或是腦部檢測裝置等攝影手法），然後對影片進行分析。具體做法是在錄影畫面上標注有無進行人性照護法，再把被看護者在標注時間內的狀態變化製作成大數據。實際施行人性照護法時，大腦機能是否會產生活躍運作的變化呢？藉由應用ＡＩ技術分析大數據，研究團隊成功地檢驗出答案，最後證明人性照護法確實能有效治療失智症。

再者，京都大學的中澤篤志研究室也開始致力研發屬於應用研究之一的自動分析技術。根據這起研究，將進行看護的影片傳送給ＡＩ，由ＡＩ提出修正建議與改進方法的事情已成為可能。如此一來，不僅可以提供更好的醫療品質給被看護者，也能大幅減輕看護者的負擔，自然有助於降低離職率。

根據這些研究，我們可以總結出五項ＡＩ帶來的正面成果：一、彌補看護人力不足的缺口；二、利用科學方法驗證人類提供的服務品質；三、提升人類提供的服務品質；四、提高看護者的生產能力；五、與人類建立合作關係共同面對單靠ＡＩ無法解決的問題。

若將這起實例刊載在技術路線架構圖（P.029）之中，從看護運用ＡＩ研究人員開發的系統提升看護品質這一點來看，理應落在Ｙ軸（積極創造力）第二格的「使用」階段。ＡＩ研究人員找到看護領域的研究課題並且解決問題，這件事則落在X軸（開放創造力）第三格的「造福大眾」階段。

數據科學家與看護這兩起實例的共通點在於「開發ＡＩ基礎建設的人」與「使用ＡＩ基礎建設的人」這兩種角色都有做好自己的本分工作，發揮最大效用。在數據科學家的實例中，DataRobot公司開發基礎建設，非數據科學家因此得以運用基礎建設，其結果是讓生產能力大幅上升。在看護的實例中，靜岡大學針對提升基礎建設功能的主題進行開發研究，利用科學手法驗證失智症照護法的療效，有助於新療法與未來遠端醫療的普及化。像這樣在「開發ＡＩ基礎建設的人」與「使用ＡＩ基礎建設的人」這兩種角色發揮最大效用的情況下，終於成功實現運用ＡＩ技術的理想。因此，ＡＩ研究人員不應獨占技術，而是要合理地區分出收費、免費項目，將新的ＡＩ技術視為社會基礎建設，提供給大眾使用。唯有實現以上種種對策，我們才能快速擴大總體經濟的市場大餅，縮減ＡＩ技術造成的薪資差距。

從招募人才到職位分配的人事管理業務，ＡＩ皆能全面支援

接下來將分析象徵白領階級工作內容的人事管理業務。人事管理業務分為對外人事管理業務與內部人事管理業務。

對外人事業務的基礎主要由兩種資料構成。求職者投遞的履歷，以及企業擬定的職務說明書。這兩種資料有個相同特徵——同屬「非結構化的自然語言資料」。對於電腦與ＡＩ而言，「輸入項目」與「輸入數值」的對應關係清楚明瞭，這類資料處理起來較為容易。另一方面，若是使用自然語言書寫而成的資料，電腦與ＡＩ很難判斷哪項資料該輸入到哪個地方。想要讓ＡＩ理解履歷與職務說明書的內容，就必須先詳細剖析非結構化的自然語言資料。

為了解決這個問題而利用到的技術，是用來開發ＡＩ的其中一種周邊技術——自然語言處理。只要執行自然語言處理，ＡＩ就會以固定機率正確理解履歷與職務說明書所寫的內容。自然語言處理技術的等級優劣會影響ＡＩ讀取資料的準確度，因此「能達到多高的準確度」是相當重要的一個因素。

等自然語言處理執行完畢，ＡＩ便能理解履歷與職務說明書中的內容特徵。我們將此稱之為「特徵量」。接下來，利用這些特徵量算出履歷書與職務說明書的內容吻合度。投遞哪種履歷書

的人才，以前曾經擔任過符合哪種職務說明書的職位？只要掌握這些資料，就能輕鬆計算出履歷與職務條件要求的吻合度。換言之，ＡＩ可以學到人類過去符合職務條件要求的相關資料。

像這樣的ＡＩ學習，專業術語稱為「機械學習」，身為學習對象的資料則稱為「訓練資料」（Training Data）。

經由以上過程開發出ＡＩ系統，長久以來需要耗費人力處理的作業內容就能由ＡＩ代為處理，例如伴隨書面遴選而來的審查履歷等工作。如此一來，人類可以把省下來的時間用在籌劃招募人才策略等附加價值高的作業，大幅提升對外人事業務的生產能力。

接下來要探討的是內部人事管理業務。在說明對外人事管理業務時，曾提及「投遞哪種履歷書的人才，以前擔任過符合哪種職務說明書的職位」這一點。其中「擔任哪種職位」這個訊息只是呈現吻合度的其中一種資料而已。「上網搜尋↓應徵↓面試↓錄取↓就職」，招募人才的過程愈往前推進，用來評估吻合度的資料也會變得愈重要。在這種情況下，例如當員工就職滿一年之際，如果ＡＩ學會象徵「企業所看見的員工表現以及求職者所看見的工作激勵」等各種資料，就能計算出更準確的吻合度。後者屬於就職後的資料，因此相當於內部人事資料。

美國開始實施被稱為「人力資源技術」（HR Tech）的嶄新應對策略

在開發ＡＩ的世界裡，類似這種對外人事單位運用內部人事資料，或者反過來的情況其實很常見，所以對外人事與內部人事的資料就有全面統整的必要性。舉例來說，如上所述，對外人事單位若運用內部人事資料，就能描繪出理想人才的輪廓，將招募人才的條件集中於特定區間帶。總而言之，對外人事單位的生產能力是否能向上攀升，與內部人事單位實施的應對策略有著密不可分的關係。

由於具有事先預測哪種人才適任哪種工作的功能，ＡＩ也能運用於職位分配。不只如此，除了預測功能，藉由讓ＡＩ學習「教育、培訓、管理等干涉性內容」與「員工進步成果」的相關資料，ＡＩ就可以針對「哪種員工適合接受哪種教育、培訓、管理方法」這個問題提出建議。

近年來，美國人力資源管理界開始實施被稱為「HR Tech（人力資源技術）」、「People Analytics（人員分析）」等嶄新應對策略。分析電子郵件與作業計畫的大數據、追蹤利用傳感器數據進行的實境溝通、站在運用穿戴式電腦的勞務管理觀點，剖析員工的健康情況。利用ＡＩ技術彙整以上各種分析結果，預計可以提升職位分派與人才管理的準確度。

ＡＩ以及許多企業人事部門致力發展的員工健康管理，兩者之間的契合度可說非常高。接下來將介紹一起具體實例——專門設計給智慧型手機使用的ＡＰＰ「憂鬱紀錄器」。這款ＡＰＰ能利用憂鬱症患者輸入的生活紀錄進行健康管理，協助停職的員工重返職場。這款ＡＰＰ由瑞可利公司開發，使用《阿娜答得了憂鬱症》一書作者細川貂貂設計的圖案作為標誌圖示。

一般而言，協助罹患憂鬱症的員工從停職到復職的過程中，負責職場健康管理的專業醫生通常會與停職員工進行三十分鐘左右的諮詢面談。但是聽完患者的近況之後，要在短短三十分鐘內做出判斷是一件極其困難的事。在身體狀況不穩定的狀態下，僅憑當天的健康條件將大大影響面談的結果。

如果使用憂鬱紀錄器，醫生可以在進行諮詢面談前，預習與員工健康狀況相關的歷史紀錄，把深度學習預測的恢復狀況當作參考依據，再做出適當判斷。

地方政府運用ＡＩ技術推動地方再生

下一個實例將介紹地方政府如何運用ＡＩ技術推動地方再生。在這起實例中，扎根於地方政府的「開放創造力」是成功引進ＡＩ技術的最大關鍵。

二〇一六年十二月，長野縣小布施町舉辦了一場名為「ＳＮＳ與ＡＩ技術日益進步，將為地區傳播帶來何種影響？」」的研習會。包含鎮長在內的許多鎮民參加了這場研習會。該城鎮以農業作為主力產業，把ＡＩ運用於栗子剪枝作業的發想在這場研習會中引起熱烈討論。

栗子剪枝作業一年只會舉行一次。因此，即使是擁有十年務農經驗的農民，也只參與過十次剪枝作業。事實上，從栽培到摘取栗子的一連串過程中，最需要高度技巧的就是剪枝作業。如果ＡＩ能支援這項作業，投身農業人才數量便有望增加。如此一來，鎮上農田的土地利用率將向上攀升，農作物產量增加，帶動品質提升，單價也會隨之上揚。藉由將ＡＩ技術引進栗子剪枝作業這一個舉動，便能創造出各式各樣的成效。

小布施町在短短一天的研討會上，如何討論到如此有意義的議題呢？

該城鎮以標榜讓大人盡情玩樂而聞名，擁有「遊玩之餘不忘工作的文化」。有些鎮民甚至會說：「如果玩得不夠徹底，遊戲終歸只是遊戲；唯有認真玩樂，才能讓遊戲變成工作。」這正是「開放創造力」的特質深深扎根於地方文化的最佳實例。地方擁有源自地方特殊文化的創意，若能以此為動力引進ＡＩ技術，地方再生的前景必定一片光明。

將ＡＩ運用於地方再生的研究途徑，主要在於探討我們自身創造力的問題點。二〇一六年九月，美國史丹佛大學公開發表一份研究報告〈人工智慧的百年研究〉（One Hundred Year Study on Artificial Intelligence）。如同標題所言，美國史丹佛大學集結各研究機關的知識分子，研究長期下來ＡＩ究竟帶給人類什麼影響，最後將研究結果彙整成這份研究報告。該研究報告在一開頭的摘要做出以下定義：「所謂的ＡＩ，是以人類的神經系統如何運作，如何用身體去感覺、學習、推理、行動這份構想為基礎（典型的處理功能除外），進而研發出來的電腦科學、科技集合體。」基本上，這是個只要受到人類鼓吹讚賞的科學與技術都能被稱為ＡＩ的廣泛定義。也可說是不執著於賦予ＡＩ嚴謹意義而著眼在社會上ＡＩ應用現況的實用定義。地方再生需要的正是這種對於ＡＩ的實際解釋與大膽發想。

本文針對數據科學家、看護、地方再生、人事管理、與ＡＩ同事一起工作的各種情況進行分析。在此重新強調一次，「積極創造力」與「開放創造力」正是促使人類與ＡＩ同事密切合作的重要關鍵。請各位讀者務必在自己的職場循序漸進地揮灑這兩種創造力，同時盡情享受與ＡＩ同事合作的樂趣。

Part 2

職場上AI 實用化的現況與未來趨勢

六百種職業的可取代性試算結果

「AI同事」時代的工作方式成為議論焦點

野村綜合研究所
未來創意發想中心二〇三〇年研究室
上田惠陶奈
顧問諮詢事業本部
ICT・資訊傳播產業顧問諮詢部
岸 浩稔
全球基礎建設顧問諮詢部
森井愛子

野村綜合研究所（NRI）未來創意發想中心在二〇一五年年十二月公布一份試算結果：日本有百分之四十九的勞動人口可被人工智慧（AI）所取代。根據英國牛津大學麥可・A・奧斯本準教授以及卡爾・班尼迪克・弗雷（Carl Benedikt Frey）博士的共同研究，以國內六百零一種職業為對象，試算各職業被AI或機器人取代的機率（詳細分析請參照P.062〈業務工作難以被取代，專業工作呈現兩極化現象〉）。

從這份試算表的數值來思考，可以預測未來在許多職場上都會發生人類以同事身分與AI共事的情況。本文將詳細說明當初進行這個研究的起因、公布試算結果後獲得的反應，以及面對「AI同事」時代的來臨，企業應當採取何種必要對策。

思考伴隨社會變遷而來的創新機會

ＮＲＩ未來創意發想中心致力於研究二〇三〇年日本應有的模樣。該年顯而易見的其中一個社會問題即為「人力不足」。

各界早在很久以前便點出日本人口減少的問題。為了讓社會維持良好發展，我們所要面臨的首要課題便是勞動人口的減少。根據勞動政策研究・研修機構的估計，在經濟零成長的勞動參與現況描述中，二〇三〇年的勞動人口將從二〇一四年的六千五百八十七萬人降至五千八百萬人。

看清人力短缺的問題即將顯現，日本大致上有兩個選項可以選擇。第一個選項，為了讓人力不足的社會持續運作，必須縮減整體社會福利，以溫和緩慢的方式，成為漸漸萎縮的社會。可是，應該沒有人樂於見到這種狀況吧？另一個選項則是利用某種手段填補人力缺口。

填補人力缺口的可行方法分成以下兩種：第一個方法是補足勞動人口人數，例如開放外籍勞工、鼓勵中老年與女性就業。第二個方法是補足品質水準，運用ＡＩ與機器人等技術提高勞動生產力。因此ＮＲＩ便是以補足勞動品質水準的想法為出發點，藉由推算ＡＩ與機器人取代現今職業的可能機率，探討利用ＡＩ與機器人可以填補多少人力缺口。如果這些技術真的逐漸取代人工，在這種情況下，企業、政府與社會又會產生什麼改變呢？本文將逐一勾勒未來社會的輪廓。

並非藉由提出「消失的職業」煽動危機感，ＮＲＩ一直以來都站在「人力不足的社會中打造前所未有的創新機會」這種觀點進行所有研究。

「一旦社會人力不足問題的前提條件或限制條件發生改變，說不定能為企業與社會帶來全新商機。」研究團隊始終懷抱著這個課題意識。接下來將介紹具有代表性的實例。

作為日本職業足球聯賽大阪飛腳隊主場的吹田足球場（大阪府吹田市），是利用被稱為「預鑄工法」的技術興建而成的建築物。與一般工法相比，預鑄工法可以大幅降低建設成本。預鑄工法是先在別處預先製作好基本的建材，然後再運到現場組裝。預鑄工法的發展歷史已久，以往是招集大批建築工人前往現場製作建築結構的做法較能節省成本。可是，隨著東日本大震災、奧林匹克運動會與帕拉林匹克運動會的舉辦，現今的建築市場需求增加，營造業工人不足、工資上揚等問題也一一浮現。人力不足的問題導致前提條件改變，選用預鑄工法進行施工得以節省成本的合理性便由此而生。

把可能被ＡＩ或機器人取代的職業一一列舉出來的研究，其背後動機是「展望二〇三〇年，思索前所未有的創新機會」。而「約半數職業可被ＡＩ或機器人取代」，類似這樣的新聞在全世界廣為流傳，速度甚至超乎我們團隊所預期。來自各界的反應大致可以區分成三種。

首先是以就業者個人為中心的反應。就業者會核對自身職業是否有被列舉在清單上，針對自身職業遭取代的機率是否處於安全範圍，透過社群網站發表個人感想。這次的分析結果是「僅從技術層面」計算出來的機率，但是受到「即將消失的工作、不會被取代的工作」等字眼不脛而走的影響，使得許多人紛紛理解為「非技術層面也包含在內的實際消失機率」。因此，這個試算結果也承受了「紙上談兵」的批評。公布的估算表只是機械學習試算出來的結果，尚未經由人類逐條驗證有效性。雖不是毫無根據的空談，但確實是靠理論試算出來的結果。這也讓研究團隊深切感受到訊息能否被正確傳播出去的重要性。

接下來介紹面臨約半數職業可能被取代的整體趨勢，各界有何反應。大部分人似乎已經習慣機械自動化的工作方式，因此最常見的反應是「幾乎感受不到異樣」。若再深入探究，「考慮到少子化導致的勞動人口漸少問題，這其實是件好事。」「工作流程自動化可以減少超時工作的情況」等等，期待改善工作與生活平衡的反應也不在少數。奧斯本曾發表以下感想：「把同樣的結果公諸於世，與他國產生許多ＡＩ奪走就業機會的威脅論相比，日本的善意回應為數眾多，實在令人吃驚。」在日本，解除人力不足的危機，以及提升生產能力已是社會大眾普遍認知的重要課題，所以才會呈現期待ＡＩ或機器人自動化成為一股助力的局面。

處於某些職業可被ＡＩ取代的時代中，「人類需要發揮何種能力，為此又要做出什麼準備呢？」最後要介紹的便是探討日本該何去何從的議題。其中又可區分為三個種類。

第一種是與工作能力相關的議題，「ＡＩ難以取代、唯獨人類具備的能力到底是什麼？該怎麼做才能擁有那份能力呢？」第二種議題是「假設只有少數勞工擁有ＡＩ無法取代的能力，大多數勞工的工作能力依舊低於ＡＩ，那麼我們該如何防範社會走向不平等的階段？」第三種情形是「針對實際職業與企業，分析ＡＩ能取代的工作內容與人類應當採取的對策，研究職業工作內容與企業事業內容的變化」。

如上所述，各界對分析結果的反應不一。但也成為一個契機，讓人類開始思索「ＡＩ同事時代」，引起各界對未來議題進行廣泛討論。這些都是令人喜出望外的成果。

重新審視競爭策略、產品策略與工作內容

經營者往往對社會與技術變化很敏感。「深度學習將導致ＡＩ急速進化」，類似這樣的新聞消息屢見不鮮，許多經營者應該都抱持著「ＡＩ對自家公司會造成什麼影響」這種問題意識。所有企業都僱有勞工，面對ＡＩ可能取代人類的現況，應該都會將其視為一項具體探討旗下員工理想狀態的課題吧。

舉例來說，在僱用多名技術層面被評估為取代性高的事務員的情況下，一旦遭到ＡＩ取代，

經營者就必須去探討如何安置目前員工的問題。為了有效運用ＡＩ，工作內容也有必要重新設計。相反的，若是以像客服人員或業務人員這些需要高度溝通技巧因而難被取代的職業為中心的企業，就必須在少子化的環境中確保人才不會流失。因此為了解決這種問題，如何將取代性高的職業的生產能力轉換到其他地方，也是必須探討的議題。

引進ＡＩ可望提升後勤辦公室（Back Office）的生產能力，但是這份影響力不會只局限於該單位的人員配置。一旦後勤辦公室的工作方式起了變化，所有相關業務都必須做出修正。因為自家公司的商品與服務都有可能因此升級。既然商品與服務內容產生改變，當然也該重新審視競爭策略與產品策略。不只這次的研究結果，相信有很多經營者也會參考與ＡＩ相關的各種新聞消息，要求公司內部積極探討ＡＩ的影響力吧。

引發各界關注、帶動前所未有的創意革新

在這次的研究當中，研究團隊運用機械學習技術，針對六百零一種職業推算出各自的參數，也就是「可取代率」。本研究運用了勞動政策研究．研修機構從「職務結構研究」中彙整出來，能呈現各個職業特徵與技能的資料庫。以這份資料庫為基礎，先利用人工作業挑選出被認為取代性高的職業，以及被認為難以取代的職業，然後將其區分成數個種類並且列為一覽表（此表稱之為「可取代清單」）把這些職業的資料庫當作訓練資料，透過機械學習抽取具有相同特徵的職業，推算可取代率。因此，在製作可取代清單的過程中，選擇哪種職業作為呈現職業特徵的資料庫與訓練資料，將大大影響計算結果。

勞動政策研究．研修機構在研究中大規模提供國內未前所未見的職業特徵與量化資料庫，是相當有用的資料庫。拿來作為本研究的參考情報可說再適合不過。訓練資料則以牛津大學奧斯本準教授與卡爾博士的共同研究〈The Future of Employment〉為根據。在整個分析過程中，盡可能地確保可信度。

從這次的研究可以得知在日本有很高機率被ＡＩ取代的勞動人口占百分之四十九。根據牛津大學的研究，美國為百分之四十七，英國為百分之三十五。基本上，目前普遍認定技術層面可被科技取代的職業，不會因國家不同而有差異。上述數字與其說是各國職業的可取代率，不如說彰顯出日本白領階級勞工比例居高不下的這種勞動社會結構，其影響力有多大。

既然如此，從本質上來說，各國取代性高的職業可說是一樣的，但實際上各國職業呈現出來的工作內容仍有差異，於是討論出符合日本現況、能代表該職業的內容與特徵後，再將其設定為訓練資料。因此，本研究是從日本職業現況計算出可取代率的分析結果。

在分析可取代率的過程中，不考慮社會的接受性或經濟合理性等要素，著重從技術層面分析自動化的可能性。在以此為前提的情況下，分析結果自然不存在修正的必要性，以及與原先假設有落差的情形。

人力短缺的時代即將在不久的未來降臨，與其詳細討論各職業是否會被取代的議題，不如去思考政府、企業，還有你我每個人可以為社會做出何種貢獻。本研究的目的在於引發各界探討正面議題，創造運用ＡＩ或機器人進行創意革新的契機。

今後，ＡＩ將導致工作流程自動化持續發展，人工作業逐漸遭機器取代，企業必須傾全力耕耘ＡＩ不擅長的領域。ＡＩ不擅長的領域分別是需要創意發想的工作、需要高度社會智力（理解社會氛圍並且能與他人進行適當溝通）的工作、體制外的非典型工作。

舉例來說，提供代客分析數據服務的企業，在執行數據分析這個部分遲早會被ＡＩ所取代吧。但是，如何用清楚明瞭的說法向顧客解釋數據分析結果、協助顧客做出經營決策等等，這些需要密集溝通的工作，都不是ＡＩ所能勝任的。

事實上，調查消費者消費模式，協助顧客企業進行商品開發與市場行銷的美國 Gongos 公司已經開始進行業務轉換，把分析數據的工作交由ＡＩ執行，員工則全力負責與顧客溝通。仿效該公司把ＡＩ擅長的部分交由機器代為處理，讓人類則在ＡＩ不擅長的工作領域發揮所長，這是一件十分重要的事。不是讓 AI 搶奪人類的工作，而是讓ＡＩ與人類建立起互補關係。

或許有人覺得需要花費鉅額成本才能將ＡＩ運用於工作方面。不過，可供使用者運用ＡＩ技術的平台今後將以平價雲端服務的形式登場，只要透過像是ＳＡＡＳ（Software as a Service，軟體即服務），就能使用大型企業砸下重金建構而成的企業系統。由於ＳＡＡＳ的可自訂性有限，用戶必須配合服務功能處理公司內部業務。運用ＡＩ的情況也是如此，大企業可以藉由大型投資案開發專屬的ＡＩ技術，但是如同ＳＡＡＳ的例子一樣，財力有限的中小企業可以利用正規平台調整公司內部業務。

上田惠陶奈

東京大學法學系畢業後，進入野村綜合研究所工作。主要負責橫跨資訊傳播與財務金融的企業策略與政策議題。

岸　浩稔

東京大學研究所工學系研究科社會基盤學專攻博士班畢業後，進入野村綜合研究所工作。負責創新管理、資訊傳播與廣電媒體領域的企業策略。

森井愛子

牛津大學研究所全球治理研究班畢業後，進入野村綜合研究所工作。主要負責都市基礎建設、資訊傳播領域的企業策略。

各種職業的可取代率與就業人口分布圖

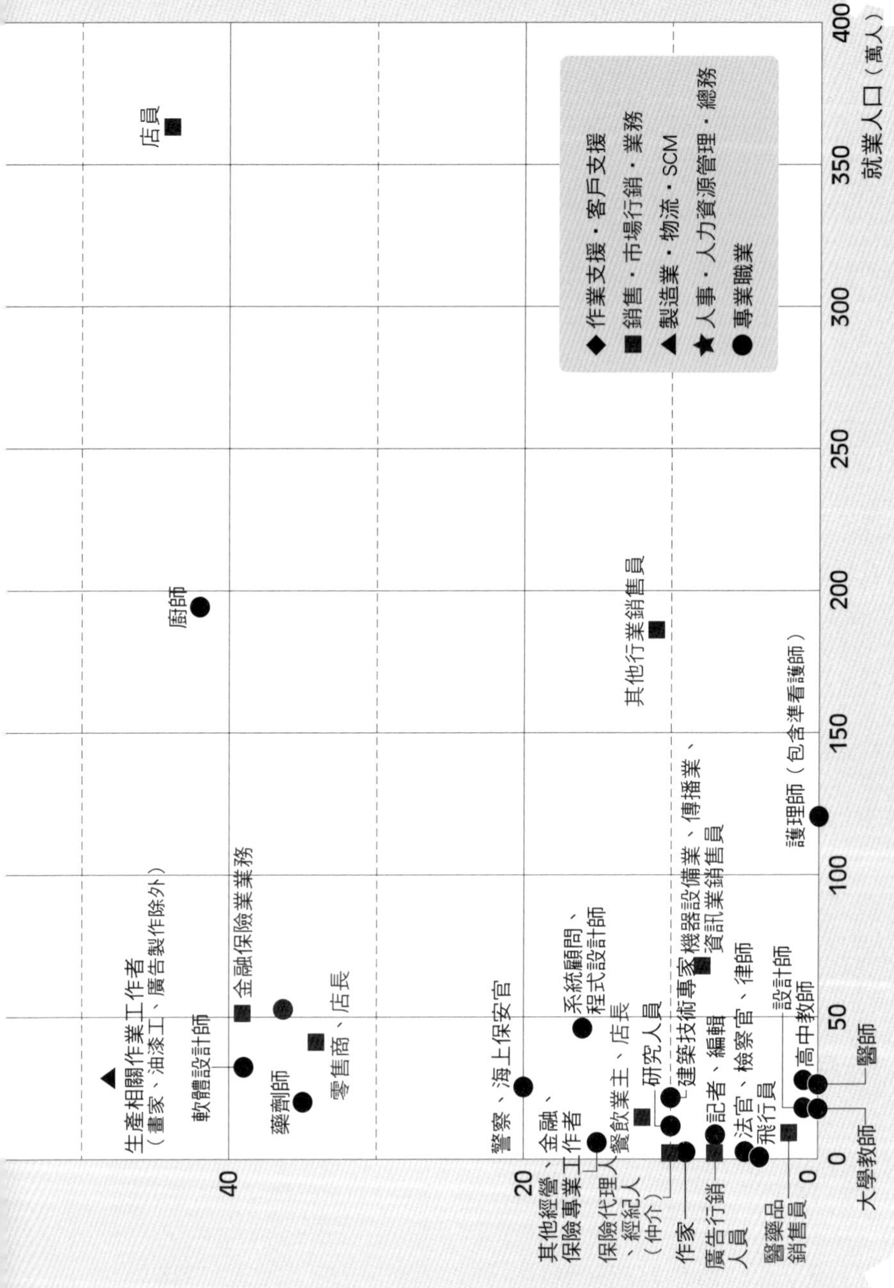

◆ 作業支援・客戶支援
■ 銷售・市場行銷・業務
▲ 製造業・物流・SCM
★ 人事・人力資源管理・總務
● 專業職業
就業人口（萬人）
0
50
100
150
200
250
300
350
400
20
40
店員
廚師
其他行業銷售員
護理師（包含準看護師）
生產相關作業工作者（畫家、油漆工、廣告製作除外）
金融保險業業務
軟體設計師
藥劑師
零售商、店長
警察、海上保安官
系統顧問、程式設計師
其他經營、金融、保險專業工作者
餐飲業主、店長
研究人員
保險代理人、經紀人（仲介）
建築技術專家
機器設備業、傳播業、資訊業銷售員
作家
記者、編輯
廣告行銷人員
法官、檢察官、律師
飛行員
醫藥品銷售員
設計師
高中教師
醫師
大學教師

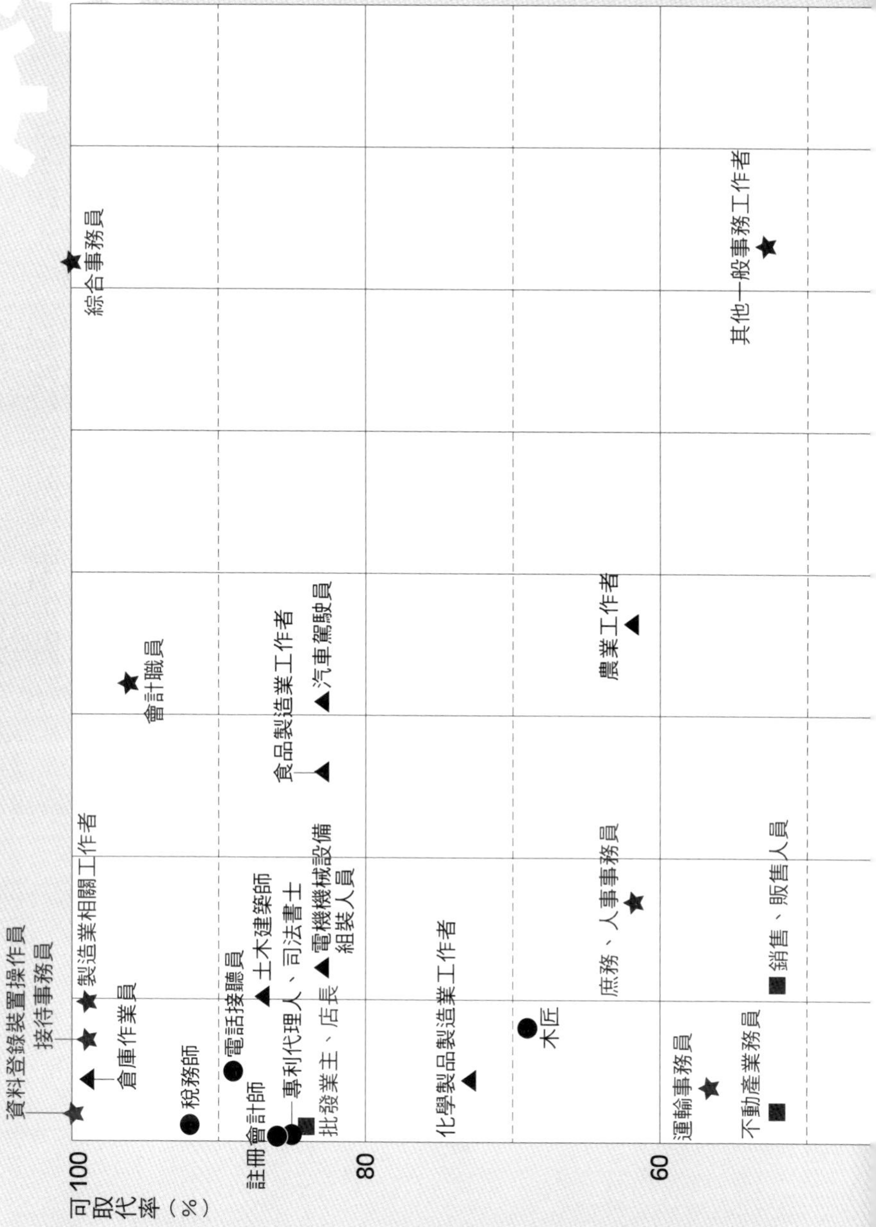

參考資料：依據英國牛津大學麥可・A・奧斯本準教授和卡爾・班尼迪克・弗雷博士的共同研究，以國內601種職業為對象，試算AI或機器人取代各種職業的機率。以此數據為根據，二〇一六年由編輯部統計分析。

業務工作難以被取代，專業工作呈現兩極化現象

本次幸得野村綜合研究所（NRI）協助，日經BP編輯部才能針對「本書舉例說明的工作」獨自進行統計分析，推算可取代率。

本書舉例說明的工作共分為六種類別：「作業支援・客戶支援」、「銷售・市場行銷・業務」、「製造業・物流・SCM」、「人事・人力資源管理・總務」、「專業職業」。接下來將分別介紹各類別的實例與趨勢。NRI將六百種職業彙整成一百八十種，提供每種工作的可取代率。本書進而從中選擇約五十種職業，連同就業人口製作成分布圖（請參照P.060-061的圖表。）

舉例來說，「電話接聽員」在本書屬於「作業支援・客戶支援」類別；銷售、販售人員屬於「銷售・市場行銷・業務」類別。至於一般企業的代表人與董事，以及支援後勤的相關部門屬於「經營管理」類別，少有相對應的職業。「銷售・市場行銷・業務」分類中的「零售商・店長」、「餐飲業主・店長」算是比較接近該類別的職業。

試著把所有項目區分為六種工作類別之後，意外發現在「銷售・市場行銷・業務」分類中，各種工作的可取代率比想像中還低。NRI的上田小姐指出：「因為屬於非典型職業，位居需要與顧客頻繁溝通的工作領域，所以銷售人員的可取代率很低。店面不可能完全無人看管，所以對銷售人員有需求的工作領域

應該不會消失。另一方面，接待工作轉為制式化、採固定模式服務顧客的機會相對提高。」

類似「電機機械設備組裝人員」這種在製造現場工作的職業，其可取代率高達百分之八十。上田小姐表示：「日本的製造現場早已朝自動化目標邁進，現存的人手都是機器無法取代的。例如聘用具備多種技能的作業員來生產少量多樣化的商品。這些都是AI無法立即取代的作業。」

另一方面，專業職業呈現兩極化的現象，可區分為稅務師、註冊會計師等制式化的工作，以及醫師、護理師等與人群直接接觸的工作。

在IT相關產業方面，NRI的岸先生表示：「系統顧問需要具備設計與管理專長，不容易被取代。可是隨著自動化的發展，主要工作內容為程式設計與偵錯的程式設計師，被AI取代的可能性也漸漸增加。」

因為線上教材的誕生，AI在教育界的應用看似大有進展，可是上田小姐表示：「耐心與每個學生溝通，找到適合的教學法，唯有具備高超技巧才能達到如此因材施教的程度。若是大學教授，還必須在專門研究領域上展現高度創意。」

AI應用也開始在難以取代的專業職業領域漸漸發展。但即使處於相同職業分類，能否發揮所長，以「同事」的身分與AI共事，似乎會依據工作性質的不同而產生顯著落差。

近二至三年邁向ＡＩ技術實用化的企業激增，深度學習成為關鍵突破點

第二章將分成「作業支援．客戶支援」、「銷售．市場行銷．業務」、「製造業．物流．ＳＣＭ」、「人事．人力資源管理．總務」、「經營」共五個部分，介紹二十五間在近兩到三年引進人工智慧（ＡＩ）的企業實例。然後，引進ＡＩ運用於第六種分類「專業職業」的實例，則會刊載在第三章，包含刊登於《日經 BigData》、《日經 Computer》，經過重新編輯的報導。請參照書末的一覽表（P.191）。

有效利用機械學習獲取新知

所有職業分類的共通點在於許多企業選用了包含ＡＩ基礎技術「深度學習」（Deep learning）在內的「機械學習」。機械學習是一種以「在電腦上重現與人類學習力相同的功能」為目標的技術，最大特徵是並非由人類將已得的知識存進電腦，而是電腦本身藉由學習發現新知。目的是找

出公司內部員工未擁有的新知，使工作流程效率化，提升服務品質。

從職業分類來看，「銷售・市場行銷・業務」的實例非常多。這句話的意思並不是本書介紹的文章篇數較多，而是此分類引進ＡＩ技術的進度領先其他分類許多。其中尤其以引進ＡＩ技術應用於市場行銷工作的企業最多。

其背後原因是企業引進ＰＯＳ（銷售時點情報系統）的歷史已久，比起其他領域累積了龐大數據的緣故。線上購物網站也容易累積各式各樣的數據資料。所以大數據的分析應用早已在市場行銷領域飛快發展，如今各企業引進ＡＩ技術分析數據，期望能從中獲得更多新知。

引進「華生」接待顧客的企業激增

已引進的技術除了機械學習以外，受企業採用的ＩＢＭ人工智慧程序「華生」也相當引人注目。華生屬於認知（Cognitive）技術的一種，基本功能是針對人類的提問回覆適當答案，同時具備透過學習提高答案準確度的功能。因此，把回應顧客疑問的工作交由華生負責的企業也在急速增加中。除了日本三大金融集團全面引進華生服務客戶之外，軟銀集團也引進華生作為服務內部員工的問與答系統。

「經營」的主要工作是發現待解決的課題並且擬定解決策略。由於工作內容完全跳脫常規，所以ＡＩ應用的進展幾乎停滯不前。目前ＡＩ只能用來協助經營者擬定決策而已。

專業制式化工作是ＡＩ擅長的領域

專業職業被ＡＩ取代的機率呈現兩極化現象。真鍋大度是活躍於新媒體藝術領域的藝術家，同時也是一名嘗試把ＡＩ技術運用於音樂的ＤＪ。「具備熟練技術才能完成的工作內容正是ＡＩ擅長的領域。人類轉而負責概念創作。」真鍋先生如此說道（詳情請參照P.176的訪談）。可以預想的是即使是專業職業，制式化的工作將漸漸被ＡＩ取代。

第三章刊載了引進ＡＩ技術運用於「記者」、「醫學者」、「侍酒師」、「教師・補習班講師」等數種專門職業的實例。每一種都屬於非制式化的工作內容，被評估為ＡＩ難以取代的職業。話雖如此，在這個領域中採用機械學習與華生的情況也變得愈來愈常見。

在Part 2與Part 3中作為範例的企業導入AI實例

公司名稱	引進AI技術的領域・職業	基礎技術
作業・客戶支援		
大金工業	營業用冷氣機的售後服務	機械學習（深度學習）
豪斯登堡	主題樂園的各種創新運用、接待客人	認知技術（華生）
日本三大金融集團	客戶服務	認知技術（華生）
五十鈴汽車	監控大貨車的運轉狀態	機械學習
銷售・市場行銷・業務		
Haruyama商業	電商網站促銷業務	抽取個人情感體驗技術
CaSy	代客打掃服務	認知技術（圖像識別）
美國Airbnb	制定訂房網站的住宿價格	機械學習
三越伊勢丹	門市接待	抽取個人情感體驗技術
Trial Company	門市人員人力調度最佳化	機械學習（深度學習）
IDOM	訂定中古車買價	機械學習
JINS	推薦適合顧客的眼鏡	機械學習（深度學習）
AKINDO SUSHIRO	預測顧客的滯留時間	機械學習
製造業・物流・SCM		
發那科（FANUC）	操控工業機器手臂	機械學習（深度學習）
朝日啤酒	預測啤酒需求量	機械學習（異種混合機械學習）
ASKUL	提高配送時間通知的準確度	機械學習（深度學習）
日立物流	倉庫作業流程最佳化	運轉判斷型
人事・人力資源管理・總務		
BizReach	人才評鑑	相關分析
住友電裝	面試邀請配對	機械學習
SUSQUE	計算員工的離職率	機械學習
幅銳態科技（FRONTEO）	分析「洩漏商業機密的潛在份子」	機械學習
軟銀集團	提供人事與法務相關諮詢服務	認知技術（華生）
大林組	能源消耗量預測	機械學習（異種混合機械學習）
Works Applications	分析ERP系統資料輸入的候補關鍵字	機械學習
經營		
日立製作所	對議題提供贊成、反對意見	議論文章構造化與取得相關資訊
專家		
Datasection	記者	機械學習（深度學習）
東京大學醫學科學研究所	醫學者	認知技術（華生）
三越伊勢丹控股、 大丸松坂屋百貨公司	侍酒師	抽取個人情感體驗技術
SiGHTViSiT	教師・補習班老師	機械學習
美國Magisto	影像製作	動作感測器（Motion sensor，原創技術）
麥肯廣告	廣告製作	機械學習

作業
顧客支援

運用深度學習技術達成維修支援服務效率化的目標

營業用冷氣機的售後服務 ▼▼▼ 大金工業

大金工業運用深度學習技術（屬於機械學習的一種）的進度持續向前發展。首先以促進售後服務效率化的形式登場，並且開始與新創企業ＡＢＥＪＡ（東京都港區）攜手合作。

「能否利用深度學習技術改善營業用冷氣機的維修支援工作呢？出於這個念頭，我們決定與熟知這項技術的ＡＢＥＪＡ共同合作。我們希望在二〇一六年結束前，做出雙方如何具體合作的判斷。」說出這番話的正是大金工業電子系統事業部大藤圭一事業部長。該公司擁有超過二十年以上營業用冷氣機維修服務的相關資料，利用深度學習技術學習這些資料，開發出一套指引系統協助現場工程師處理問題是大金工業的最終目標。將關於冷氣機的諮詢傳遞到客服中心，只要輸入相關情報，系統就會做出該採取何種解決方法的指引。

以「冷氣不冷了」、「有雜音」等冷氣機問題為開端，輸入冷氣機機種與使用年數、安裝環境等各種條件，已學習過去統計資料的學習模式（演算法）就會對故障的可能原因、需要哪些零

件、該採取哪種處理方式等問題做出判斷與指引，所以只需一次拜訪便能完成適當的服務工作。

大藤事業部長表示：「既然適用在服務人員身上，理論上應該也適用於業務人員。這項技術可以幫助他們改善工作效率。」順帶一提，電子系統事業部在大金工業中扮演相當於ＩＴ供應商的角色。至今為止一直親自主導營業用軟體套件的開發．販賣事業。於一九九九年發售的業務流程改進軟體「SpaceFinder」受到村田製作所、ＴＡＮＩＴＡ、明電舍等日本國內約四百八十家公司採用。至於運用深度學習改善服務人員工作效率的解決方案，也進入考慮提供給其他公司使用的階段。

大金工業有提供適用自家冷氣機的遠距離監測系統「ＡＩＲＮＥＴ」。可以預測約百分之七十故障原因的預知故障系統是這項系統的主要核心。

預知故障系統的構造如以下所示。將「現場監測終端機」安裝在分布世界各地的營業用冷氣機，每隔一分鐘監測約九十種項目總計約四百種的數據資料，例如由裝置在冷氣機的感應器所接收到的全熱交換器的溫度與室外氣溫、高壓與低壓數據、各功能零件的逆變器頻率、室內機的液管溫度與氣管溫度等等。該系統可以檢測出超過預設值，可能導致故障的數據資料。

緊接著，把檢測出來的數據資料導入十種邏輯（通常採用條件表式），藉此預測故障機率。例如當室內機冷媒溫度下降時，常常發生濾網阻塞導致故障的情形，這就是一種邏輯。把冷媒溫度之類的參數帶入邏輯，預測出故障機率。每隔一小時做出一次預測，統合二十四小時的預測故障情報後，系統會將數據資料發送給大金工業的「AIRNET控制中心」。

預測故障情報分為三種等級，處置方式也會隨之改變。等級一代表二十四小時內可能發生故障情形，現場工程師會在兩小時內趕到現場處理。等級二與等級三分別代表幾個禮拜或幾個月後，可能發生故障的情形。

監測終端機也會將已檢測出來，尚不構成故障的異常情形回報給「AIRNET控制中心」。檢測出預測故障情報的同時，系統也會追查原因與擬定對策。

「中長期的目標是運用深度學習技術開發預測故障系統，提高預測故障的準確度。」

運用深度學習，開發維修指引系統

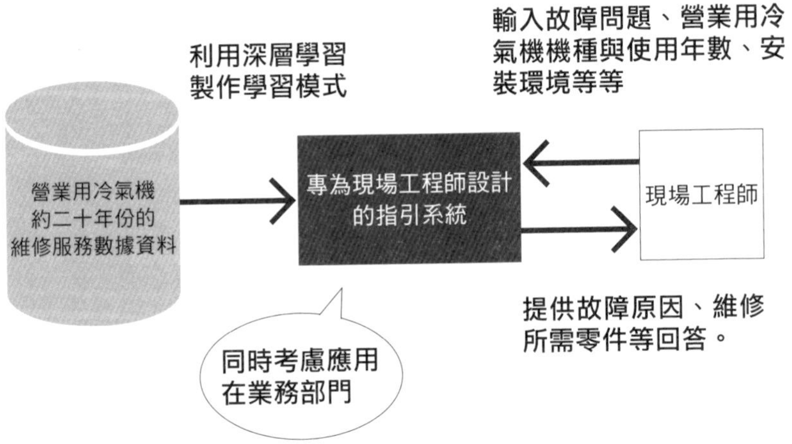
輸入故障問題、營業用冷氣機機種與使用年數、安裝環境等等
利用深層學習製作學習模式
營業用冷氣機約二十年份的維修服務數據資料
專為現場工程師設計的指引系統
現場工程師
提供故障原因、維修所需零件等回答。
同時考慮應用在業務部門

二〇一五年十一月設立於大阪府攝津市的大金科技技術中心（Technology and Innovati on Center，簡稱TIC）科技戰情室探索新領域擔當課長的足利朋義如此說道。負責推動預測故障系統的TIC已成為促成全球「產、官、學」三方技術合作的重要據點，力求實現「大金流協同創新」的目標。

共有十六種，一百八十二台機器人辛勤工作的新世代服務業實驗室

主題樂園的各種創新運用、接待客人 ▼▼▼ 豪斯登堡

面向長崎縣佐世保市大村灣的大型主題樂園——豪斯登堡，從二〇一五年夏天開始，占地面積比東京迪士尼大三倍的廣大園區內的飯店、餐廳、遊樂設施等場所，陸續出現機器人工作的身影。「我們即將在這裡打造出生產能力位居世界第一的飯店，大舉改革服務業。」身為豪斯登堡社長，同時也是規模龐大的旅遊集團ＨＩＳ會長兼社長的澤田秀雄發表了以上談話，點出無限可能性。

座落於該主題公園內，擁有機器人員工的飯店正是在二〇一五年七月開幕的新型住宿設施——「奇特飯店」。正式營業的一館共有七十二間客房。順帶一提，飯店名稱的「奇特（変な）」二字含有「奇異特殊」之意。

爬上小山坡往奇特飯店方向繼續走，途中可以看見除草機器人正在進行作業。大廳裡，負責鋼琴演奏或館內嚮導的機器人正在迎接房客的到來。

房客先依照櫃檯機器人的語音導覽，在平板電腦寫下住宿者姓名，等到登記資料與訂房資訊配對成功，再輸入辦理入住的必要資料。當資料核對無誤，入住手續也隨之完成。櫃檯前的某個裝置會發放房卡，住宿者便能拿著那張房卡前往房間。此時也能藉由輸入房間號碼，讓機器人幫忙搬行李到房間。接下來，在房門前插入房卡，用自己的臉進行註冊。如此一來，往後的入住時間內只要單靠臉部辨識就能解開房門鎖。

在奇特飯店的一連串流暢應用過程中，最重要的關鍵是櫃檯作業。「我們找到三百六十五天連續工作二十四小時也不會故障的機器人。一般機器人連續工作三小時就得休息一次，那種機器人根本不能用。」澤田先生如此說道。於是，最後尋得的解決方案是被放置在科學博物館等地，擁有相同運作模式的「模擬機器人」。果然長時間連續運作也不會損壞，一切按照計畫進行得非常順利。

奇特飯店加以改進之處包括增加語系、機器人由兩台增加為三台，藉此慢慢減少人手參與。目前正在運作的三台機器人都會說日英中韓四國語言。其中日文語系有語音辨識功能，住宿者只要說出名字就能辦理入住手續。目前正在研發利用掃描護照獲取訂房資訊的系統。

除此之外，奇特飯店還引進可以用來除草、擦窗戶等各式各樣的機器人，積極推廣節省人力計畫。開業時期有六種種類，共八十二台的機器人，到了二〇一六年七月，已有十六種種類共計一百八十二台，總共增加一百台機器人。

奇特飯店一館開業時有三十名員工處理業務。二館開業後，即使客房數量翻倍增加到一百四十四間，但削減人力的計畫依舊沒有中斷，一直持續到二〇一六年底實現六人體制為止。「考慮早中晚與大夜的輪班制度，建立實際上單靠一人也能運轉的體系。」澤田先生如此說道。整體作業可望因此提高十倍效率。

在二〇一六年七月開業的「奇特餐廳」中，機器人正在煎大阪燒，為客人倒啤酒與果汁。各種表演輪番上陣，餐廳內呈現一片充滿未來科技感的光景。餐廳內部，工作人員後頭跟著一台「收盤子」機器人。這種機器人會利用攝影機辨識特定物品，進行自主跟隨的功能。

奇特餐廳也開始著手進行AI的演示實驗。在餐廳入口與顧客對話，同時將所有來客的偏好比對菜單，詢問居住地並且記錄下來。此處應用的是與日本IBM聯手開發的認知系統「華生」。等到這種AI技術進入實用階段後，預計放置到奇特飯店櫃檯作為一種應對措施。

豪斯登堡也有考慮使用機器人等最新科技，讓園區整體營運效率化。例如使用高機能攝影機掌握園內狀況，達到節省人力的效果。若從分析錄影畫面察覺到任何可疑狀態之際，澤田先生表示可以採取以下應對措施：「先讓機器人移動到該處了解狀況，若有必要再派工作人員前往處理。」透過機器人與人類的攜手合作，澤田先生企圖實現以下規劃：「三年後，營運所需之人數減半。並非裁撤人力，而是將人力資源投注到其他更具創造力的工作。」

日本產業界該如何解決少子高齡化的問題？豪斯登堡儼然成為預言少子高齡化未來即將來臨的大規模實驗室。

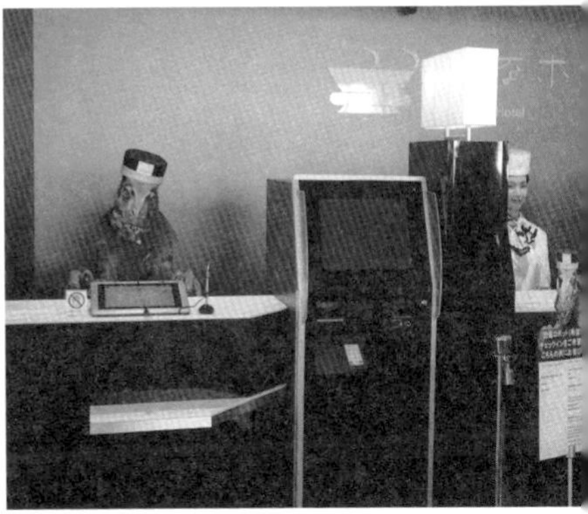

在櫃檯接待客人的機器人（上）以及在餐廳服務客人的機器人（左）。

訪談

用機器人打造生產能力位居世界第一的飯店

豪斯登堡「自成一國」，化身擁有最新技術的實驗室

澤田秀雄▼豪斯登堡代表董事社長、HIS代表董事長

隸屬豪斯登堡旗下，由機器人執行櫃檯業務的「奇特飯店」在二〇一五年七月開始營業。這項創新之舉的引導者是豪斯登堡社長，同時也是營業額超過五千億日圓的大企業集團HIS的董事長——澤田秀雄。

——將各種機器人引進飯店，引起各界關注。請問您當初為何下此決定？

經營主題樂園，當然希望讓顧客覺得新奇有趣，不過最大目的是提升生產能力。於是，大約距今四年前，我開始考慮採用機器人與自動化作業，也請教過富田先生（富田直美，經營管理顧問暨技術總監（CTO）等多位專家的意見。

我就住在豪斯登堡園區內的飯店。雖說是為了提供顧客更加完善的服務，但是我親眼目睹人員配置過多、非必要的電燈徹夜未關等情況。

為了排除發生在飯店的種種狀況，同時解決服務業所面臨的課題，我開始思索機器人或人工智慧等科技派得上用場的地方，並設法做出有效利用。豪斯登堡的飯店是對環境友善，生產能力位居世界第一的飯店。櫃檯機器人更是世界首見，目前已申請專利。

正式營運後才發現的事情？

不要將全部的事情都丟給機器人做。舉例來說，奇特飯店也引進了「除草」與「擦窗」機器人。高達九成的必要作業都交由這些機器人執行，人類只需處理剩下的一成即可。如此一來，原本需要耗費五小時的人工作業就能大幅縮減到三十分鐘。

但在飯店室內清潔工作方面，讓機器人清理浴室與更換床單，仍有很大的難度，目前尚處於實驗階段。此外，我希望在數個月內實現由電腦依照訂房資訊自動分配房間的目標。

機器人的開發計畫如何發展下去？

如果我們自己成立一家機器人開發公司，可能得花費十年的時間吧。可是從另一方面來看，世界上存在著許多研究機器人的公司與大學等值得合作的對象。我們可以結合已知的應用訣竅，和這些機構聯手開發新型機器人。對於合作對象而言，他們也可以在豪斯登堡這個地方實驗機器人或AI的機能，開發獨一無二的新產品。

我看過許多不同製造商開發出來的機器人，懂得哪些地方稍加修改就能使用。現在已進入雲端時代，我們可以利用雲端程式操控機器人。

安置在櫃檯的置物櫃機器人是安川電機的產品，但拿來應用於保管行李則是我的主意。稍微做些改變就能靈活運用。

對動盪不安的局勢採取應對策略是人類的任務

——會分析實際應用機器人所累積下來的數據資料嗎？

目前沒有。但富田CTO曾說過那是一股商機，所以目前尚處於累積大量數據資料的階段。到時候，數據資料到底屬於豪斯登堡、還是屬於提供機器人與AI的公司所有呢？至少在那之前，我們必須先做好屆時懂得應用這筆數據資料的準備。

假設經過十年後，世上出現了擁有千倍處理能力的電腦，或許就能在一瞬間把龐大資料輸入電腦。

如此一來，依據過去的資料下判斷的工作或許就能交由AI負責。不過，需要想像力的特殊工作、或是對動盪不安的經濟局勢採取應對策略，這些仍舊是人類的任務。

顧客在豪斯登堡的廣大園區內如何移動？是否有掌握相關數據呢？

目前沒有，可是將來要取得顧客動態等數據應該不是難事。攝影技術日益發達，只要利用電腦分析影像，便能清楚知道人潮往何處移動、哪個地方人氣最旺。如果想知道人潮會不會往特定場所聚集，可以利用GPS（全球定位系統）獲得解答。

以上提到的方法有些已進入籌備階段，可能於近期實施。現在幾乎有一半以上是靠直覺預測，希望接下來能依靠數據分析做出決策。往後我們也將進行大數據分析，評估季節與顧客居住區域，量身打造各種宣傳活動。

在豪斯登堡園區內配置機器人，是不是就能提高效率？

機器監視著園區內的監視器影像，一旦察覺任何異常狀況，附近的機器人就會移動到該場所提供協助。若狀況未排除，也能改派工作人員趕去處理。

包含以上這種搭配形式，三年後，維持營運所需的工作人員人數將減半。不過即使配置機器人，人類仍然是相當重要的關鍵。把人工作業的份量減少一半，讓員工從事其他工作。達成生產能力倍增，經費卻能減半的效果。

——今後豪斯登堡將朝什麼目標發展？

豪斯登堡與摩納哥公國差不多大，擁有五間飯店、二十間餐廳、二十間店家，甚至有自己的發電廠。幾乎相當為一個國家。由於是私人用地，可以不受拘束地進行各種實驗。我想把豪斯登堡當成實驗室使用，實際上也正在這麼做。如果只是讓豪斯登堡化身為普通的未來都市，那樣一點也不有趣。豪斯登堡花草景緻怡人，自然生態豐富。每位顧客皆能在此感受文化藝術的薰陶，歐風街道更是充滿異國風情，可是背後採用的卻是領先全球的先進技術。

雖然我使用了許多先進科技，但本質不離原始自然。我是不使用智慧型手機、時鐘、電子郵件的原始人。唯有站在這個角度看世界，才能洞悉時代變遷。

如果忽視科技帶來的影響，很容易踏上美國底片製造商的後塵誤判局勢。他們當初一定認為底片怎麼可能輸給低解析度的數位相機呢？哪裡曉得數位相機功能快速提升，最後演變成這個局面。為了避免這種情況再次發生，絕對不可輕視科技帶來的影響與瞬息萬變的局勢，除此之外，像我一樣保持自然原始的本質也是一件相當重要的事。

澤田秀雄

豪斯登堡社長、HIS董事長。從留學西德的經驗領悟到人人都懷抱著以低預算環遊世界的夢想。一九八〇年，成立「International Tours」公司，二〇一〇年收購豪斯登堡，二〇一六年就任HIS董事長兼社長。

※此文刊載於《日經BigData》二〇一六年九月號

作業
顧客支援

採用IBM「華生」以提高客服品質為目標

客服中心業務、客戶服務 ▼▼▼ 日本三大金融集團

日本國內銀行業界正加快腳步引進美國IBM問答系統「華生」。日本三大金融集團更讓華生在實際作業中登場亮相。華生是一種使用「認知運算（Cognitive Computing）」技術的問答系統。擁有二〇一一年二月在美國高人氣益智節目上奪下冠軍的實績。

三井住友銀行與瑞穗銀行都選擇使用華生支援客服中心業務。三井住友銀行在二〇一五年九月開始執行驗證測驗。使用新的語音辨識技術，把顧客與客服人員的對話轉換為文字資料。當華生接收到諮詢語句後，會按照準確度高低逐一列出適當回答。系統統整部門代理部長岡知博說明用意：「針對客服人員面對顧客提問所做出的回答，我們希望能控管品質穩定度，加快應答速度。」

最後證明面對一百六十個問題，華生依序列出準確度最高的前五名解答，其中大約有八成是正確答案。根據這個實驗結果，華生被判定為「可使用等級」的技術。技術檢驗方面，先讓華生學

會五千個業界專有名詞辭典的單字、一千五百個問答集、一千五百份工作手冊。華生會從這些資訊中瞬間找出答案，列出準確度最高的前五名。接下來再由客服人員對華生提供的答覆按下「有幫助」、「沒幫助」的按鍵。如果被評為「沒幫助」，下次再遇到相同問題，華生就不會選擇相同回答。

瑞穗銀行也已經把使用華生技術的系統引進客服中心。當客戶打電話進來諮詢之際，利用語音辨識技術將客戶的說話內容轉換為文字，再由華生進行分析。判讀商品或手續之類的關鍵字，在客服人員的電腦螢幕上顯示常見問答或相關商品資訊。隨著對話的進行，華生會執行以下動作：篩選商品資訊與手續內容，即時更新常見問答與商品情報。不斷重複以上動作，藉此學習更多新知，漸漸提高回答的準確度。

不僅如此，瑞穗銀行還致力於把 SoftBank Robotics 生產的人形機器人「Pepper」與華生做結合應用於接待服務。在這項新措施中，運用了IBM東京基礎研究所開發出來的機器人共通性基礎技術，目標是把機器人實際運用於門市接待服務。

另一方面，三菱東京UFJ銀行也引進華生，在「LINE」官方帳號上開始提供「Q&A服務」。華生在該服務擔任問答檢索邏輯的角色。運作模式是透過雲端上可以操控華生機能的API（應用程式介面，Application Programming Interface）進行各種分析。引進華生後，即使面對曖昧不清的提問，服務系統也能理解提問者的用意，提供更適當的回答。在一問一答的過程中，回答的準確度也會跟著提高。

除了財力雄厚的大型金融集團，引進華生的風潮也開始吹向各地方銀行。二〇一六年十月，千業銀行宣布，包含該銀行在內的六間地銀（千葉、第四、中國、伊予、東邦、北洋）共同組成的「TSUBASA金融系統高度化聯盟」正式啟動「人工智慧技術應用計畫」。在日本ＩＢＭ的協助下，展開一連串運用華生改善工作效率的實驗。

利用機械學習找出故障原因，記錄超過一百種零件資料

監控大貨車的運轉狀態 ▼ 五十鈴汽車

二〇一五年十月，五十鈴汽車把運轉狀態監控系統列為標準配備，裝載在全面改款進化的新型大貨車上。運用零件相關資料找出故障原因與掌握故障徵兆，有效防止意外發生。利用機械學習生成能找出故障原因的演算法，把過去的維修情報當作訓練資料，提高找出故障原因的準確度。

「隨時監控大貨車等商用車的使用零件資料，藉由這項監控服務，提供維持商用車正常運轉的技術支援。」該公司數據應用推廣部部長前園昇的這番話，透露出想要積極應用大數據的目標。在二〇一三年六月成立數據應用推廣部之前，車輛運行資料的各種應用早已開始發展。

二〇一五年十月，該公司把運轉狀態監控系統列為標準配備，裝載於全面改款進化的新型大貨車「Giga」，蒐集與零件相關的各種大數據。

五十鈴汽車把運轉狀態分為三個階段，因應不同階段蒐集必要的零件資料，再以不同手法加

以分析。這三個階段分別為——一、故障；二、故障徵兆；三、故障預防。

為了找出故障原因，必須紀錄和超過百種構成引擎的零件相關的資料。只要一個小零件出問題，整組引擎便無法正常運作。引擎使用了電子控制系統，所以可以輕鬆取得零件資料。

為了確認故障原因，還得監視故障前後的時間序列資料。這種資料就像飛行紀錄一樣，能顯示故障前後油門踏板大約被踩到哪種程度。例如「明明踩下油門踏板想要加速，車速卻沒有變快」，從這件事可以判斷故障原因是「燃料噴射裝置出了某種問題」。當車子拋錨時，系統便會發送故障碼給客戶，釐清故障原因。

事實上，在 Giga 正式發售前，五十鈴汽車獲得商用車客戶的某間運輸公司協助，同步蒐集大約四萬輛汽車的相關資訊並且存放於雲端。

當汽車引擎發生故障，在更換零件就能修好的情況下，「該零件出問題」就會被視為引擎故障的原因。把這些維修情報當作訓練資料，供判斷故障原因的機械學習演算法繼續學習。雖然還在演示實驗階段，但以現況來說，演算法的正確率高達百分之九十六以上。目前正朝進一步提高準確度的方向努力。

在故障徵兆階段，把大貨車排氣系統的正常狀態拿來與不正常狀態做比較，檢查有無故障特徵出現，確認需要檢測的資料。排氣系統主要分為兩個部分。一是捕捉煤煙等懸浮微粒的過濾器，二是用來減少排放氮氧化物的排氣淨化裝置。

捕捉懸浮微粒的過濾器就像吸塵器的集塵袋一樣，可偵測布滿懸浮微粒的訊息。此時過濾器會自動燃燒高溫，把懸浮微粒燒成灰燼減少數量。當灰燼累積到一定程度後，必須取出過濾器清除裡面的灰燼。

以往總會呼籲客戶「每年清理一次」。可是現在發現只要過濾器積滿灰燼，引擎轉速便升不上去。雖然不至於排放煤煙到空氣中，引擎卻可能因此停止運轉。於是藉由探測過濾器的方法檢視數據資料，確保高溫燃燒懸浮微粒的功能正常運轉。

隨時監控這些數據資料，等到超越代表故障徵兆的臨界點時，便會向客戶發送通知。決定臨界點是一件極其困難的事，如果數值設定得太剛好，很容易釀成來不及修理就拋錨的窘境。

至於預防階段，主要是監視執行器進行換檔的次數。若操作次數達到數百萬次，系統會提出進廠維修的建議。

銷售
市場行銷
業務

由AI判斷每位消費者的偏好，靠一萬兩千封DM拉高營業額

電商平台促銷業務 ▼▼▼ 春山（Haruyama）商業

逐漸擴展西裝連鎖店規模的春山商業，積極採用最新數位技術。春山商業在近期把AI引進自家公司的電商平台，如今正在商討一些方法的可行性，例如在電商平台選擇幾件想試穿的衣服，由AI把消費者的偏好數據化並提出穿搭建議。把人類的偏好數據化，選定符合那筆數據條件的時尚風格，為消費者提供穿搭建議，具備以上功能的AI技術是由新創企業COLORFUL BOARD（東京都澀谷區）所提供。

從春山商業的角度來說，「我們希望透過將AI引進電商平台的方式，提高目前不到百分之二的EC化比率（譯註：電子商務占全體商業銷售額的比重，稱為EC化比率）。半年後，核心系統會大幅改版，網站將變得更容易瀏覽，更容易選擇商品。送貨方式也會改變，預估能加快配送速度。只要不需修改褲長，商品會在下訂的隔日送達。至於需要修改褲長的部分，我們也希望針對目前必須花費一個禮拜作業時間的現況做出改善。從現在開始算起大約三年後，讓EC化

比率逐漸提升到百分之三。」治山正史社長如此說道，展現了投資數位技術的熱情。

二〇一六年七月，在COLORFUL BOARD的協助下，寄出了一萬兩千封配合每位消費者偏好而內容有所不同的ＤＭ。結果跟往常發送ＤＭ的效果相比，男性顧客來店率增加百分之十五，女性顧客來店率增加百分之十三。而且男性顧客的單次平均消費金額大幅增加百分之三十。COLORFUL BOARD的渡邊祐樹社長表示：「這次宣傳重點以暢銷商品為主。只要再增加一點商品數量，就能完成更具個人風格的ＤＭ。接下來，包含廣告標語、設計風格、優惠內容等各種細節都希望朝個人化的方向前進。」

順帶一提，關於這次的宣傳商品數量，男裝部分有褲子二百九十件、短版外套七十件、襯衫四百五十件，共計一千零九十件。女裝部分有短版外套四十件、裙子四十件、罩衫八十件，共計一百九十五件。

針對往後該如何擴大ＡＩ技術的應用範圍，治山社長與渡邊社長不斷反覆地研商探討。「我正在考慮使用ＡＩ分析春山商業所持有的數據資料，例如分析銷售人員的銷售訣竅，將門市銷售人員接待顧客的銷售技巧整合成一個完整系統，包含改善整體工作。我希望未來能與春山商業以共同研究的方式繼續合作下去。」渡邊社長如此說道。

「ＡＩ如同自己的分身，代替自己選擇符合偏好的衣服。另一方面，銷售人員的建議也是不可或缺的。為了滿足客人最真切的需求，我選擇和COLORFUL BOARD合作。我想使用ＡＩ解決客人面臨的問題與煩惱。客人真正想要的不是一件面試套裝，而是心儀企業的錄取通知。而商務人士追求的是製作一份成功的簡報，或是博取客戶的信賴。我希望運用ＡＩ解決目前遭遇的課題，實現最終想要達成的目標。」治山社長說出把ＡＩ應用當成一種「利器」的想法。

不只ＡＩ應用，治山社長還積極把數據資料應用在公司改革方面，從現居市占率第四名的位置展開反擊，打算成為「無可取代的企業」。從數年前開始，治山社長就時常與外界合作夥伴深入探討業界特有的課題，投身各種改革。

例如大幅刪減原本約占營業額百分之十的廣告宣傳費用。根據數據分析，計算出把ＤＭ寄送到哪個區域的哪個客層才能發揮最大效果。一方面減少ＤＭ的寄出數量，一方面提高客人的反應率。在刪減廣告宣傳費用的同時，繼續維持與提高銷售額。

「光是把廣告宣傳費用降到只占營業額百分之五，就獲得很大的效果。」治山社長揭露其中一項成果。春山商業在二〇一六年三月份的營業額是五百四十三億八千萬日圓。根據該公司的資料顯示，廣告宣傳費共花費四十五億日圓，大約佔營業額的百分之八點三。和之前的月份相比，廣告宣傳費用受到壓縮，但是營業額卻提升百分之七點九。

刪減廣告宣傳費用後所獲得的資金，將被用來製作強力商品。治山社長明確指出：「我們的最終目標是成為一種基礎建設公司。」如同鐵軌、電力、瓦斯、便利商店一般，「只要缺少其中一樣，就會造成不便，影響生活品質。我們希望在消費者的生活中扮演不可或缺的角色。」

具體來說，就像美國Levi's將牛仔褲、布克兄弟將鈕扣襯衫行銷到全世界一樣，治山社長熱情說道：「春山商業也想開發出流傳百年的經典款式。」正因懷抱滿腔熱血，春山商業才能開發出累計銷售量達到一百萬件的商品——穿起來活動自如、舒適輕鬆的白襯衫「i-Shirt」。取得形態穩定性五級認證，不需熨燙。再者，使用抗菌除臭的空氣觸媒布料，達到不易產生汗臭味的效果。

春山商業在二〇〇八年北京奧運成為官方贊助商，親自開發提供給選手穿的襯衫。「請做出即使折疊也不容易皺的襯衫吧！」當時日本奧林匹克委員會（JOC）向春山商業提出這項要求。「北京的夏天很熱，請做出涼爽舒適的襯衫吧。還有剪裁要合身，但不會讓人感到綁手綁腳。」當然還得兼顧JOC的竹田恆和會長的意見。綜合以上意見，最後誕生的成果便是i-Shirt。與東洋紡共同開發，於二〇〇九年正式上市。

可是，i-Shirt在上市初期評價並不理想。因此，春山商業透過顧客滿意度（customer satisfaction）調查表聆聽客人的意見，持續進行改良，終於使i-Shirt成為特色化商品。

從「流傳百年的經典款式」的目標中，孕育出i-Shirt。獲得AI技術與數據分析這股新力量，春山商業將繼續挑戰下去。

利用ＡＩ分析房間照片，依照四階段標準判定髒污程度

代客打掃服務 ▼▼▼ CaSy

經營家事服務網站「CaSy」的 CaSy 公司（東京都千代田區）引進了「發送自己房間的照片，由ＡＩ判斷髒污程度」這項技術。

該公司與 LINE 合作，從二〇一六年十月開始，在 LINE 的官方網站應用軟體（Officeial Web App）上開始提供全新服務。除了使用 LINE 發送有關家事服務的各種通知之外，還開始提供另一種服務：只要發送房間照片，ＡＩ就會依照四階段標準判定髒污程度，大致估算代客打掃服務的價位與所需時間，最後再把結果通知消費者。

該公司會對登錄為會員的使用者提供打掃、料理等家事服務。在與 LINE 合作前，對於在網站上預約家事服務的會員，CaSy 都是透過電子郵件提供通知服務，例如預約通知、到府服務人員的確認通知等等。不過，「愈來愈多人使用 LINE 作為日常生活的溝通工具，希望我們使用 LINE 發送各種家事服務通知的聲浪也跟著水漲船高。」（摘自公司新聞稿）CaSy 做出以上判斷，下定

決心引進適用於LINE的新服務系統。

　以前的代客打掃服務都是根據會員自己呈報的髒污程度估算費用與時間。但在引進AI技術後，只要把房間照片上傳到LINE，AI就會根據畫面自動分析髒污程度，即時回報大約需要花費幾分鐘才能打掃完畢的「掃除時間」，以及本次掃除所需要的「費用」。

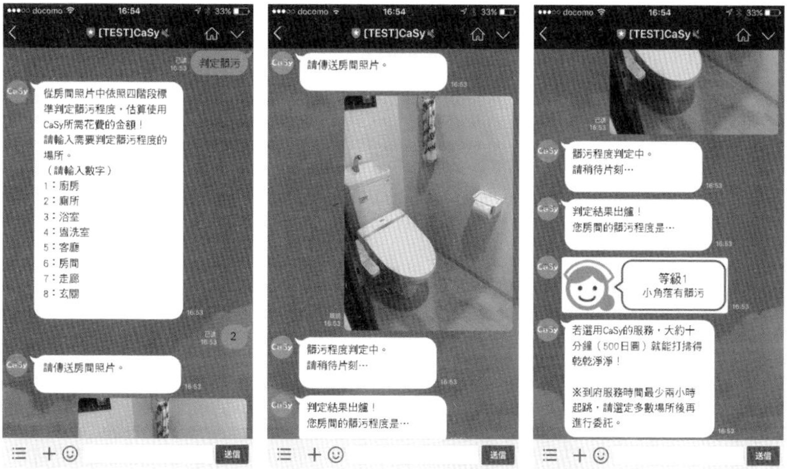

發送房間照片後，AI會分析髒污程度，回報估算好的打掃時間與費用

※照片轉自新聞稿（https://www.value-press.com/pressrelease/172247）

銷售
市場行銷
業務

預測「價格彈性」，訂定能獲得最高銷售額的住宿價格

制定訂房網站的住宿價格 ▼▼▼ Airbnb（美國）

以一般人出租自家部分房間給旅客的民宿訂房網站 Airbnb 提供的這項服務中，每天的住宿價格都會大幅改變。決定住宿價格的不是出租房間的「老闆」，而是 Airbnb 利用機械學習技術所生成的演算法，預測城市的基本需求趨勢，以及每個物件的「價格彈性」，每天制定能獲得最高銷售額的不同住宿價格。

對於出租房間的民宿老闆，Airbnb 提供了支援自訂住宿價格的工具「Smart Pricing」。屋主只需在系統內輸入「住宿價格的上限與下限、可容許的房客人數」這三點即可。接著演算法就會自動設定適當價格。

「對於民宿老闆而言，設定住宿價格是一件極其困難的作業。因為他們必須蒐集各式各樣的情報，還要每天持續不斷地更新價格。所以才想提供能夠免除這樣的麻煩，替民宿老闆創造最大收入的工具。」Smart Pricing 產品經理卡拉・佩里卡諾（Carla Pellicano）做出以上說明。

Airbnb的演算法根據：一、城市的住宿需求；二、物件的地理位置；三、物件內容與價格彈性這三點，決定住宿價格的高低。所謂的價格彈性指的是當物件價格產生上下波動時，住宿需求量相應變動的幅度大小。

演算法用於預測每天住宿需求與價格彈性的數據種類多達好幾百種。這個完全透過機械學習開發出來的演算法，總共擁有數十億筆學習資料，預測模型的「特徵」數量也高達數十萬個。演算法可從近期的住宿預約動向預測哪些城市即將舉辦活動，無需人類輸入年度活動行程表之類的資料。

該公司的數據分析家巴・伊佛萊（Bar Ifrah）解釋：「在決定住宿價格的時候，比起住宿需求動向，物件的價格彈性更重要。」

舉例來說，在因舉辦運動比賽等活動導致住宿需求增加的情況下，會出現即使提高住宿價格，住宿需求也不會降低的趨勢。因為房客擁有「無論如何都要住在那個城市」的動機。另一方面，如果是以渡假休閒為主的連續假期住宿，一旦提高住宿費用，住宿需求便會急速下降。因為房客可以改而選擇其他物件或城市。

Airbnb負責管理的數百萬個物件，各自的價格彈性都是拿以前的實際住宿數據為基準預測出來的結果。物件的價格彈性會受到許多因素影響而產生改變，例如前往車站或公車站的距離遠近、座落在城市的哪個區域、曾經入住的房客所發表的物件評論或介紹。

舉例來說，比起沒有任何房客發表評論文章的物件，即使只擁有一則評論，該物件也會被設定為具有「強勢」的價格彈性，可提高住宿價格因應住宿需求上漲的趨勢。評論文章的數量多寡並不會直接影響住宿價格，但是獲得多數「三星等級」評價的物件，住宿價格也會漸漸攀高。

在美國，物件地址會對住宿價格造成很大的影響。因為在類似舊金山這樣的都會區中，只是相隔一條馬路，街道的氛圍與治安就會截然不同。

Smart Pricing 會依照民宿老闆的經營方針決定住宿價格。Airbnb 的民宿老闆畢竟只是一般人。有些民宿老闆希望把客房出租率提升到最高，有些民宿老闆則不太願意增加可容納的房客人數，避免影響正職。

面對想提高出租率的民宿老闆，Smart Pricing 會採取掠奪性訂價策略，若民宿老闆持相反的經營方針，Smart Pricing 則會執行低出租率，高獲利的訂價策略。

Smart Pricing 資深軟體工程師說道：「所有預測結果，人類幾乎都沒有出手干涉。」因為排除了人為因素，才有辦法每天預測 Airbnb 負責管理的數百萬筆物件的價格彈性。

Airbnb 已對外公開機械學習系統。二〇一五年五月，向外界發布自行研發的「Aerosolve」原始碼。預測演算法也是使用 Aerosolve 開發出來的。Smart Pricing 可說是展現 Airbnb 的最大優點——不

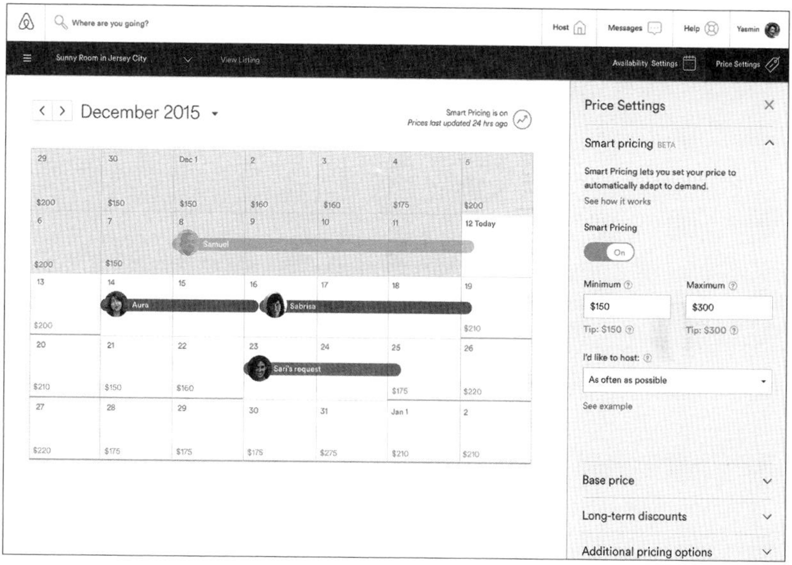

「Smart Pricing」的畫面

在於營運模式，而是技術能力的最佳實例。

銷售
市場行銷
業務

分析顧客偏好，按照不同需求提出最合適的商品建議

門市接待工作 ▼▼▼ 三越伊勢丹

以創下百貨公司單店最高營業額世界紀錄為傲的伊勢丹新宿本店，在二〇一五年實施一項前所未有的試驗——使用AI技術接待顧客。這個作法連在全世界百貨公司都前所未見。

在伊勢丹新宿本店紳士館二樓與六樓，造型師（銷售人員）攜帶著平板。「這是搭載AI技術的時尚APP。請在顯示於平板螢幕的項目中，點選自己喜歡的商品。」在設計師的提醒下，顧客點選了數個商品項目，不到一秒，平板立即顯示出新商品。學會顧客偏好的AI，會從紳士館的二樓、六樓、七樓以及伊勢丹電子商務平台也有販售的各式商品，總計約八百種項目中，推薦最適合顧客的商品。

顧客也能利用自己的智慧型手機下載搭載AI的APP「SENSY×ISETAN MEN'S」。只要使用這個APP選擇商品，AI就會學習顧客的偏好。往後，AI會從電子商務平台有販售的商品中，替顧客挑選符合偏好的商品或提出最佳穿搭方案。

除此之外，還有另外一種應用方式：事先在家中瀏覽由ＡＩ推薦的商品與穿搭方案，若有喜歡的品項，便可以聯絡伊勢丹備好商品。

負責執行這項試驗的是三越伊勢丹控股伊勢丹新宿本店紳士與運動休閒業務部計畫負責人岡田洋一。「我們想使用ＡＩ特有的功能，提供顧客嶄新的購物體驗。不過，目前還處於試驗階段，對於能否提高營業額還不抱持期待。我認為讓這項試驗持續進行下去是相當重要的一件事。」岡田如此說道。

三越伊勢丹使用的ＡＩ是COLORFUL BOARD（東京都澀谷區）研發出來的「SENSY」。身為ＡＩ科學家，同時擁有註冊會計師資格的渡邊祐樹社長，對學習人類偏好的SENSY做出以下說明。「從每個商品的產品圖片抽取顏色、形狀、花樣等圖像數據，再加上從商品說明文字讀取分類（例如襯衫或鞋子）、尺寸、價格、機能性等資訊，兩者加起來總計抽取了數十萬種特徵，然後分析顧客的審美觀（偏好）並將其數據化。從顯示於平板上的眾多商品點選自己喜歡的商品之後，ＡＩ會抽取各種商品之間的共通數據，那些數據資料會構成『學習偏好的ＡＩ』。接下來再從商品資料庫中抽取與『學習偏好的ＡＩ』的數據資料相似的商品呈報給使用者。」

SENSY實現了「機器結合人類感性」的世界，從這點可知SENSY其實和一般推薦系統不同。例如一般的推薦系統不懂得分辨短版外套款式是正式還是休閒，常常推薦千篇一律的商品給顧客。但是SENSY在面對相同商品時，「這件短版外套對A而言太休閒」「對於B而言，這件短版外套假日穿剛剛好」「這件外套看起來很正式，C可以穿去上班」，會像這樣考量人類的感受與偏好提出適當建議。

二〇一四年十一月，COLORFUL BOARD釋出時尚應用程式「SENSY」。SENSY收錄了超過二千五百個世界品牌的商品情報。SENSY根據這些品牌商品，提出最適合使用者的穿搭方案。若發現喜歡的商品，SENSY還會引領使用者前往附近店家。

事實上，三越伊勢丹採用SENSY的其中一個理由是，渡邊社長在二〇一五年入夏前遇見了某位人士。那位人士正是三越伊勢丹控股秘書室特命擔當部長——北川龍也。

北川擁有就職於NGO（非政府組織）與顧問公司，成立以電子商務事業為主的新創企業等豐富經歷，在二〇一三年進入三越伊勢丹工作。之後，曾在三越伊勢丹控股網路事業部服務、也曾擔任創新事業開發負責人。二〇一五年，擔任現職直至今日。北川受該公司大西洋社長之命，寫下數位改革的劇本，執行各種專案計畫並加以實現，是三越伊勢丹一步一步改善進化的重要推手。

關於這次以AI接待客人的實驗意義，北川提出以下看法：「傳統接待技巧無法顧及的部分，設計師可以使用AI補足。只要將所有東西數據化並且善用數位技術，就能提出超越傳統的建議。但是利用數位技術推薦商品後，最後還是得靠造型師推一把，經過反覆溝通，才有辦法找到顧客真正想要的東西。這也是敝司引以為傲的地方。」

人工智慧學習
人類偏好的概要流程

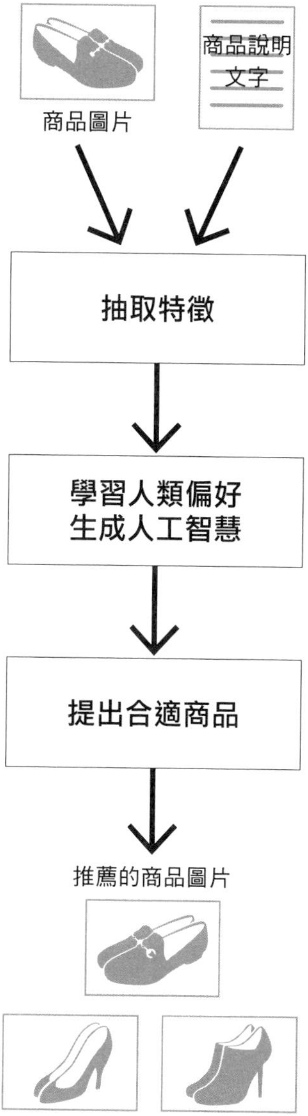

訪談

IT戰略部的任務

現在應發掘史無前例的營運模式

大西 洋▼三越伊勢丹控股社長

向三越伊勢丹控股大西洋社長請教被視為經營根本的數位戰略。「結合造型師（銷售員）與人工智慧（AI）作為接待消費者的因應之道。」大西洋社長如此說道。

——致力於進行使用人工智慧（AI）接待顧客的實驗。只要點選顯示於平板上的服裝、鞋子等物品，AI就會提出符合使用者偏好的服裝與穿搭方案。這麼做的目的為何？

關於AI、機器人等數位技術，我們從幾年前便開始不斷嘗試。AI技術日益進步，如今已成為應用於門市提高生產能力與顧客滿意度的手段，AI應用已成為一種不可避免的趨勢。

話雖如此，造型師（銷售員）具備的傳統接待技巧仍是不可或缺的重要因素。我們想和顧客建立更深一層的羈絆。把AI能力所及的事情交由AI處理，同時將接待服務做得鉅細靡遺。結合銷售員與AI，達到提升門市生產能力與顧客滿意度的目標。

——大西社長談及在各方面都應該重視、強化以銷售為首的現場執行力。

對於零售業、百貨業而言，最終接觸到顧客的現場工作人員掌握著公司的未來命脈。如果能讓這群人在最好的環境下工作，顧客也能享受到最頂級的服務。

以後，我們將提供連顧客都不曾察覺、未曾思考過的貼心服務，令顧客為之感動。能否在門市引出顧客的潛在需求，牽動著公司命脈。我們將為此進行各種統整，包含改善銷售員的工作環境、縮短營業時間、引進績效獎金制度、運用ＡＩ技術等等。

數位技術位於組織體制最上層

——二〇一五年十一月，大西社長釋出以下訊息：「把數位技術當作經營根本，以數位觀點重新審視整體事業與對策。融合虛擬與現實，串連分店、商品、服務、數位多媒體內容等等，創造新價值觀、新顧客群與新事業。」二〇一六年四月，新設立情報戰略總部。

ＩＣＴ（Information and Communication Technology，資訊及通訊科技）對於所有事業體而言是必不可少的存在。在組織體制中，數位技術位於最上層，可說是相當於社長特助的組織。既然如此，自然需要有個跨部門的總部，把所有組織串連在一起。若能將市場行銷功能也加入情報戰略總部的話，那就再好不過了。

但是在經營會議上出現許多反對聲浪。「情報戰略總部這個組織的實際作業內容是什麼？」我認為這項質疑點出了敝司的弱點。「現今任務是放手去做尚未成形的事物。」即使做出以上回覆，還是會聽見另一種質疑：「所以具體而言到底是什麼？」最後便無疾而終了。

ＩＣＴ讓世界產生劇烈改變，「情報戰略總部該做什麼？」這個問題必須靠自己細想。敝司正是缺少了這份思考能力，所以成立情報戰略總部的決定曾經遭到許多人大力反對。

雖是題外話，但是我刻意讓大力反對、完全不了解數位技術的人擔任情報戰略總部的高層負責人（總部長）。如果只擁有一知半解的知識，那就只能獲得局限於已知範圍內的成果。這個世界在未來的兩到三年將以令人難以想像的驚人速度成長蛻變。所以我認為不要過度依賴經驗知識才是比較好的做法。

——情報戰略總部底下設有ＩＴ戰略部，二〇一六年三月，調派前安森美半導體社長小山徹擔任ＩＴ戰略部長、前數位戰略特命擔當部長北川龍也擔任ＩＴ戰略負責人。

ＩＴ戰略部的任務是發掘前所未見的全新營運模式。小山與北川都擁有顧問諮詢資歷與ＩＣ

知識，所以我才會做出這樣的安排。接下來的重點是如何創造全新型態的營運模式。讓擁有實際商務經驗的總部長與這兩人攜手合作，我認為這是最佳組合。

──高舉「二〇一八年度營業淨利五百億日元」的目標。

我在三年前就曾經對外發表過，若想進行維護保養、整建翻新，做各種投資吸引新客群，最低營業淨利必須達到五百億日元。但單靠累積（既有事業的）成長利潤的話，根本無法達成這個目標。必須依靠ＩＴ戰略部建立全新營運模式才能辦到。

我向情報戰略總部長下達以下指示：半年內整頓迄今為止的所有數位戰略，一年內建立新的營運模式，在下個年度為公司創造五十億日圓利潤。

方法有兩種。一是超越ＩＣＴ的進步，打造全新營運模式；二是併購（Mergers and acquisitions，簡稱為Ｍ＆Ａ）擁有上述可能性的公司。

「女裝」分類不會長久存在

——利用ＩＣＴ建立的新營運模式具體而言是什麼意思？

具體來說就是搭建某種可以獲得佣金收入的架構。亦即運用ＩＣＴ便能自動獲得包含廣告手續費等收入的架構。

很多百貨業者都想推高利潤，但是如此一來便無法成長。唯有下定決心放手去做，好好構思達成目標的手段，企業才會有所成長。事實上，我對ＩＴ戰略部寄予厚望，所以才會將ＩＴ戰略部定位成創新經營的工作平台。

——與文化便利俱樂部（Culture Convenience Club，簡稱為ＣＣＣ）攜手合作，於二〇一六年四月成立三越伊勢丹T MARKETING，其目的是？

首先，與ＣＣＣ聯手合作的原因是可以藉此獲得以數據為基礎的企劃力，以及創造新事物的力量。ＣＣＣ擁有五千萬筆T-Point卡用戶資料。敝司也擁有約三百筆年紀稍長、接近富豪等級的用戶（持有MICARD）資料。有這些數據資料作為基礎，便能分析顧客的消費行為與生活型態。我們想成為日本第一的行銷公司，我們也確實具備達成此目標的條件。

我們目前正在蒐集前所未見的數據資料。例如在便利商店購買高價寶特瓶飲料的消費者，使用百貨公司的機率高低？會購買哪類商品？這些問題都能透過分析數據獲得解答。如果發現年輕顧客會在便利商店購買高價飲料，也有前往百貨公司消費的習慣，便會成為我們積極拉攏的客群。

更進一步說明，以數據資料為基礎進行分類的並不是年齡軸，而是顧客的生活型態。目前為止，百貨公司的主要分類幾乎都是「女裝」、「流行配件」等等，但這種分類法很快就會被取代。不久後，我想把某個分店打造成注重生活型態的新型百貨公司。不過，在伊勢丹新宿本店進行試驗的風險太高，我會選擇其他分店實施。

（文中提及的數字為刊載當時的紀錄）

大西洋
三越伊勢丹控股社長執行董事。一九七九年慶應大學商學院畢業後，進入伊勢丹工作。先後擔任過伊勢丹立川店長、三越MD統籌部長。二〇〇九年，就任伊勢丹社長執行董事。二〇一二年任現職直到現在。重視「以人本為重的經營方式」，目前正致力於推動合理的員工評價制度與人事制度改革。

※此文刊載於《日經BigData》二〇一六年二月號

從防盜監視器畫面預測結帳櫃檯的尖峰時刻

門市人員人力調度最佳化 ▼▼▼ Trial Company

二〇一五年，以九州為根據地的大賣場 Trial Company 開始在福岡縣田川市的某間分店進行ＡＩ應用實驗。利用ＡＩ分析安裝在店內的防盜監視器影像，預測店內結帳櫃檯在十分鐘或二十分鐘後可能出現的擁擠狀態。透過適時調度結帳櫃檯店員人數，避免讓客人久等的情況出現。

田川市分店是在 Trial 所有分店中排行第十名的人氣店家，平日一天內的來客數約四千人，假日約五千至五千五百人。以前尖峰時刻會出現約五人排隊等待結帳的情況，現在則減少到約三人排隊的程度。現在有許多顧客會前往像 Trial 一樣的大賣場一次購買大量商品，如果出現五人排隊的情況，位於隊伍後方的客人的等待時間將大幅拉長。為了提升顧客滿意度，減少等待結帳人數的問題便成為首要面對的重要課題。

Trial 從眾多ＡＩ技術中採用了機械學習。機械學習可以學習穿著該公司制服的店員特徵並與顧客做出區別，自動找出進出店面的顧客人數，以及等待結帳的顧客人數之間的關聯性。除了統

計來客人數與離店人數之外，還能從當下等待結帳的人數，自動推測經過十分鐘與二十分鐘後需要開啟幾台收銀機與各收銀櫃檯的排隊人數。接下來負責人員可配合預測結果做出適當判斷，例如把正在進行陳列商品作業的店員調回來支援結帳櫃檯。

前三至六個月，輸入訓練資料（實際運作的收銀台數量與等待結帳的人數）供AI學習。接下來，為了提升防盜監視器畫面中人影重疊的檢測準確度，Trial和Panasonic的子公司——IT供應商PUX聯手解決難題。

再者，透過AI辨識安裝於店內的防盜監視器畫面中的顧客年齡與性別，將獲得的數據應用於市場行銷。把顧客在商品架前採取的消費行為與ID－POS（銷售時點情報系統）數據連結起來進行分析。

以前藉由引進POS系統，店家可以經由收銀機的顧客購買數據得知哪些顧客在何時買了什麼商品等資訊。不過以往無法掌握的，例如顧客從一開始到決定購買之間的舉動、購物時是否猶豫不決等資訊，如今都能透過AI技術得知。

低價競爭的效果已經瀕臨極限。改善收銀櫃檯的擁擠狀態、提升顧客滿意度、發展高水準市場行銷手法的需求日益增多，所以Trial才會決定投身AI應用。

銷售
市場行銷
業務

傾全公司之力開發ＡＩ應用技術預測個人中古車交易價格

訂定中古車賣價 ▼▼▼ IDOM

中古車買賣交易大企業IDOM（原GULLIVER INTERNATIONAL）正加快腳步，把人工智慧運用於中古車事業。IDOM和約五家ＡＩ解決方案開發公司攜手合作，致力開發預測買賣價格、辨識汽車圖片等ＡＩ技術。

例如IDOM開發出運用ＡＩ技術的中古車車價預測系統，將其運用於手機專用的中古車個人交易ＡＰＰ「KURUMAJIRO」。

這款在二〇一五年九月釋出的ＡＰＰ有效率地學習各種有關中古車買賣價格的情報，提供買賣雙方合理的參考價格。

面對中古車賣家，KURUMAJIRO有效率地學習製造商、車種、等級、年式、里程數等情報，對以上因素做出全盤考量並提供預測價格，讓拍賣品提供者可以參考預測結果制定車價，協助買賣雙方進行公平交易。KURUMAJIRO還會利用ＡＩ從過去的交易實例推斷哪項因素會直接影響

藉由AI推測買賣雙方車價
達成提升匹配率的目標

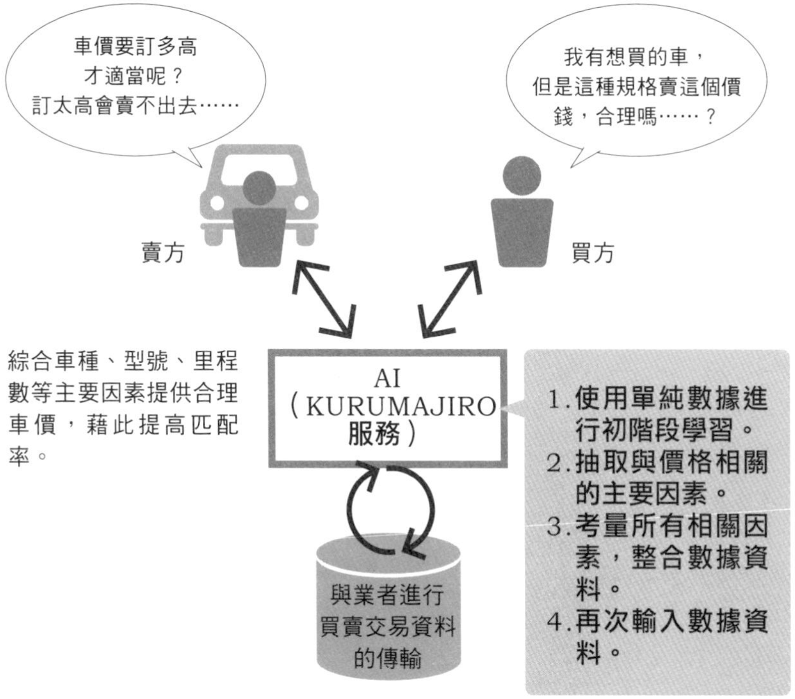
車價要訂多高
才適當呢？
訂太高會賣不出去……
我有想買的車，
但是這種規格賣這個價
錢，合理嗎……？
賣方
買方
綜合車種、型號、里程數等主要因素提供合理車價，藉此提高匹配率。
AI
（KURUMAJIRO
服務）
1. 使用單純數據進行初階段學習。
2. 抽取與價格相關的主要因素。
3. 考量所有相關因素，整合數據資料。
4. 再次輸入數據資料。
與業者進行
買賣交易資料
的傳輸

價格，再針對該因素數值進行加權。

對於賣家而言，「可以避免賤價售出，或高價滯銷的困擾，獲得令人滿意的交易結果。」新創事業開發室荻田有佑如此說道。KURUMAJIRO也有專為買家設計的功能：把商品的搜尋結果拿來和AI計算出來的市價做比較，再依照性價比由低到高的順序一一列出來，協助買家判斷有意購買的車子的定價是否合理。

目前可經由API（應

用程式介面，Application Programming Interface）使用車價預測系統，從技術層面來說，以後也可透過公司內外的其他服務使用。

往後，IDOM也考慮使用ＡＩ判斷中古車需求。除了中古車買賣數據，還會加入日經平均指數等經濟性指標、鐵價等期貨指標、區域特徵、海外特殊地區需求等等，經過通盤考量後再做出預測。

IDOM積極經營個人買賣事業，其背後原因除了拓展收益源之外，還打算促進ＡＩ預測功能精緻化。「不只是至今為止的中古車買賣，我們想從消費者間的各種買賣數據資料中找到某種解決方案。」新創事業開發室北島昇室長如此說道。

IDOM全面性地重新審視ＡＩ、大數據與物聯網的應用體制。二〇一五年十一月，在經營企劃部門內部成立數據應用專門部隊「3D ROOM」。約八名左右的成員與新創事業開發室攜手合作，共同研發運用ＡＩ與大數據的服務系統。和資訊部門、網路工作小組也保持密切的合作關係，傾全公司之力加強ＡＩ對策。

讓ＡＩ學習辨識三千名員工與六萬張圖片，開發評斷眼鏡款式是否適合的ＡＩ技術

推薦適合顧客的眼鏡 ▸▸▸ JINS

JINS開發出可以根據臉部照片推薦合適眼鏡的ＡＩ「JINS BRAIN」。JINS的三千名員工成為深度學習（Deep learning）的「訓練資料」，依照四階段標準對六萬張戴著眼鏡的臉部照片做出評價供ＡＩ學習。

學習過程中，蒐集五百名JINS員工的臉部照片後，製作JINS視為主力商品的一百二十種眼鏡的虛擬試戴圖片，總共備妥六萬張圖片。接下來，找來兩千八百名該公司門市人員，加上兩百名總公司員工，共計三千名員工。每人負責二十張圖片，依照四階段標準評斷合適程度。所以每張圖片都附有一名員工的評價。

使用者可以使用電腦或手機連上JINS BRAIN網站登錄自己的臉部相片，確認、調整經過圖像辨識的雙眼與鼻子位置後，在線上虛擬試戴眼鏡。接下來，系統會以滿分百分之百的評分方式判斷合適程度。使用者可以逐一試戴畫面上的眼鏡，也能看男性角度的評分與女性角度的評分。

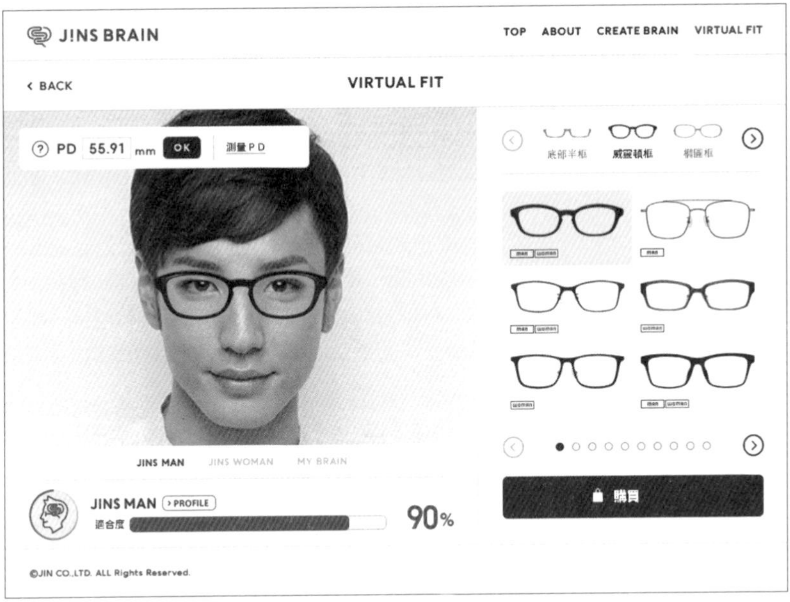

推薦合適眼鏡款式的JINS BRAIN網站

把門市接待知識加入機械學習

「在問卷調查中，回答『不知道自己適合什麼眼鏡款式』的顧客高達百分之四十五。從很久以前開始，我們便意識到電子商務平台無法面對面接待顧客的課題的存在。我們擁有堪稱全日本最豐富的門市接待經驗，既然如此，只要把門市接待知識加入機械學習，不就能夠成一套完善的服務系統嗎？」負責企劃開發的數位傳輸室經理向殿文雄如此說道。

一般情況下，電子商務平台都是依據瀏覽商品、購買商品之間的相關性做出推薦，至於商品適不適合購買者，那又是另外一個問題。眼鏡鏡架有些適合圓臉、有些適合長臉，應隨著臉型不同挑選適合的鏡架。門市人員會靈活應用這些專業知識為客人服務。

在JINS BRAIN網站上，使用者不會看見死板制式的使用說明。藉助員工的判斷，把門市人員的接待知識（包含考量表情、臉色、髮型與髮色等無法列表說明的資訊）全面AI化。

使用規模達到過去的十倍

這項服務廣受歡迎。「使用規模達到過去試戴服務的十倍。」向殿先生說。以後會將這套服務引進顧客偏好與日本截然不同的海外分店加以應用，期望達到強化門市攬客支援的目標。

銷售
市場行銷
業務

利用機械學習改善二至三成預測等待時間的準確度

預測顧客的滯留時間 ▼▼▼ AKINDO SUSHIRO

迴轉壽司龍頭業者AKINDO SUSHIRO（大阪府吹田市）利用機械學習改善二至三成預測等待時間的準確度。

每到假日，該公司經營的店家「SUSHIRO」時常發生需要排隊兩小時才能入店用餐的情況。資訊系統部田中覺部長所提及的「可能造成顧客滿意度下滑」的狀態一直持續存在著。

因此，為了讓顧客不用排隊就能直接入店用餐，SUSHIRO在二〇一五年三月開始提供利用智慧型手機的應用程式預約來店用餐的服務。可是，特別容易客滿的分店經常會遇到手機應用程式的提示時間與實際入店用餐時間之間出現嚴重誤差的問題。因為預約雖多，取消預約的顧客也不在少數。已就坐的顧客比預料時間晚離席也是原因之一。

於是，AKINDO SUSHIRO決定利用機械學習精準掌握每家分店的「習性」。具體來說，AI會學習前一組顧客就坐後經過多久才能輪到下一組顧客入店用餐的等待時間，並且利用所學知識做出預測。

學習不同分店在假日每隔三十分鐘的等待時間，然後做出預測。如此一來，「四百間分店×七天×二十四小時×兩倍（每隔三十分鐘）」，AI需要學習的模式就多達十三萬四千四百種。要能夠學習如此大量的知識並做出預測，田中部長指出：「機械學習是不可或缺的重要關鍵。」利用店員帶領顧客入座時在終端機輸入的資訊，便能預測實際資料，亦即「輪到下位顧客入座需要花費的時間」。

AKINDO SUSHIRO預計未來還會加入預約取消率，以及顧客滯留店內的時間預測，逐漸提升準確度。如果能做到顧客無需等待便能直接入店用餐的地步，來客數勢必跟著增加，應該能帶動該公司收益穩健向上。

同為外食產業的SKYLARK（加州風洋食館）也使用機械學習預測顧客反應。

該公司經營的店家「Gusto」在官方應用程式對使用者進行一對一營銷（One-To-One Marketing），為了提升準確度，開始學習掌握機械學習工具並且實施一連串試驗。目前已經確認同樣發送優惠券給三百萬名手機應用程式的使用者，利用機械學習設立的目標客群使用優惠券的機率，比仰賴過去經驗與直覺設立的目標客群還要高出三倍。

製造業
物流
SCM

與新創企業共同開發散裝機器手臂的演算法

操控工業機器手臂 ▶▶▶ 發那科（FANUC）

身為工業機器人龍頭企業的發那科，與ＡＩ新創企業Preferred Networks（ＰＦＮ）共同研發散裝機器手臂的演算法。

所謂的散裝機器手臂，指的是能從箱子中取出雜亂堆積的零件等目標物（稱為「Work」）的機器人。這種機器人會利用裝置於主機的攝影機進行攝影，從影像畫面辨識目標物後以機械手臂取出，通常被安裝在運輸帶等適當場所進行作業。ＰＦＮ運用深度學習（Deep learning）技術，開發操控這種機器人的演算法。當散裝機器手臂成功抓取零件時會標示為「成功」，抓取失敗時則標示為「失敗」，像這樣紀錄下每個動作，作為告知怎麼做才能順利抓取目標物的訓練資料，再讓機器人進行深度學習。事實上，ＰＦＮ正在蒐集複數機器人各自動作的多台運作訓練資料，讓機器人進行深度學習，藉此開發辨識演算法。這個手法被稱為「分散式深度學習」，是ＰＦＮ擅長的專業領域。

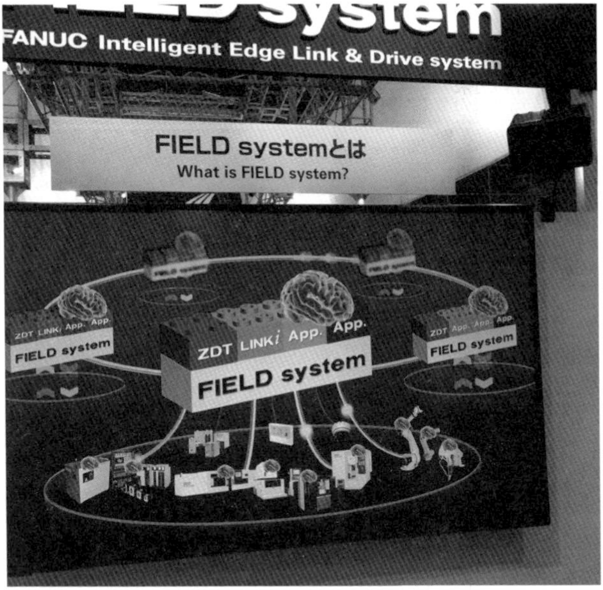

發那科在二〇一六年十一月舉行的「第二十八屆日本國際工具機貿易展覽會」發表「FIELD系統」概念

二〇一七年九月底，發那科預計釋出工業用開放平台「FIELD（FANUC Intelligent Edge Link and Drive）系統」。這是一套從工廠機器人、感測器、電腦數值控制工具機（CNC）蒐集各種數據加以分析，操控生產設備的軟體生產線。這個平台也有實裝分散式深度學習技術。只要利用這項技術，例如讓三台機器人同時學習，學習時間將縮減為原本的三分之一。

製造業
物流
SCM

利用機械學習預測啤酒需求量，新商品的誤差值也能控制在百分之一內

預測啤酒需求量 ▼▼▼ 朝日啤酒

朝日啤酒使用機械學習技術預測新商品的需求量。該公司於二〇一四年運用ＢＩ（Business Intelligence，商業智慧型）工具預測新商品的需求量，試圖讓流通庫存合理化，卻未獲得滿意結果。抽取發售前後的販售數量，以及情況相近的過去類似商品之後，使用ＢＩ工具推測需求強度。但是類似商品畢竟是不同商品，有時隨著上市日期不同，銷售情況也會隨之改變，ＢＩ工具有時無法判斷箇中原因。到最後還是得仰賴人類的經驗與直覺做判斷。

於是，朝日啤酒決定著手規劃正規的需求預測系統，在二〇一五年引進屬於機械學習技術之一，ＮＥＣ（日本電氣）的「異種混合機械學習技術」。以過去的販售數據為基礎，驗證這項技術是否真能使用在需求預測。結果在商品上市後的需求預測方面，幾乎都能獲得有用的準確度。

這項系統還能預測從上市日算起的二十八天內（四個禮拜）的需求量。經過驗證，許多商品的誤差值都不會超過百分之十，其中也有差距不到百分之一的商品。少部分商品會面臨因需求量

突然減少而難以預測的問題。例如把新商品投入市場競爭，導致需求量驟然萎縮的情形。因此，如果加進全年行事曆、出貨資訊、氣象預報、合作連鎖店等情報，再輸入競爭對手的出貨情報，便能提升需求預測的準確度。

經營企劃總部數位戰略部部長松浦端表示：「總算一切就緒。近日我們將做出研判，預計在今年夏天到秋天預測新商品的需求量，讓流通庫存合理化。」關於採用異種混合機械學習技術的理由，身為專案負責人同時也是經營企劃總部數位戰略部擔當副部長山本薰做出以下說明：「讓預測準確度，以及預測結果的可解釋性得以相容並存。換句話說，『為何出現這個預測結果呢？』這個問題的答案是有跡可尋的。再者，有多起零售商實例可參考，也能從中獲得需求供給分析的技術訣竅。」

異種混合機械學習技術會隨著條件變化，改變預測演算法。在此僅舉一例說明。如果預測目標日期設定為禮拜天，就會使用相對應的預測公式。如果不是禮拜天，其他條件將隨著上市一星期的總出貨量而改變。假設在超過標準數量的情況下，選定商品類別是否為啤酒後，便能決定預測公式。因此，只要追溯構成預測公式的條件，就能找出預測結果的可解釋性（選擇條件）。預測公式本身能生成ＡＩ，這也是異種混合機械學習技術的特徵。

製造業
物流
SCM

由ＡＩ回答客戶的詢問，利用深度學習提高配送時間通知的準確度

提高配送時間通知的準確度 ▼▼▼ ASKUL

ASKUL在線上購物網站「LOHACO」上，接連推出運用ＡＩ技術的市場行銷強化策略。

二〇一四年九月，引進使用純文字聊天模式回應顧客諮詢的ＡＩ聊天機器人（Chatbot）「真奈美小姐」。如此一來，在服務台的接待時間（早上九點至下午六點）結束之後，也能繼續為顧客提供解答。引進約兩年後，二〇一六年十一月，真奈美小姐受理的顧客諮詢已佔整體的四成。

同月，與顧客導向的通訊軟體「LINE」攜手合作。除了網頁瀏覽器之外，顧客也能使用LINE向真奈美小姐提出諮詢。至於真奈美小姐在LINE發送的回答，使用的是PKSHA Technology（東京都文京區）的通用型對話引擎「BEDORE」。除了自然語言處理功能以外，該引擎還搭載了深度學習（Deep learning）技術。從大量提問與回答的實際成果中，抽取適當的問答組合，經由服務台工作人員的驗證與許可，學習最合適的回答。

從二〇一六年八月底開始提供的「Happy On Time」服務也有運用ＡＩ技術。Happy On Time

是可供顧客指定送達時間的送貨服務。和一般快遞的時間指定服務不同的點在於提供相當仔細的時間指定與推送通知能服務。例如可用「小時」為單位進行預約，以預約日的前一天晚上為期限，發送擁有三十分鐘緩衝時間的送貨時間通知，在送貨時間的前十分鐘也會透過APP的推播功能發送通知。在Happy On Time服務正式上線前，曾在東京都江東區實施可用兩小時為單位預約配送時間的實驗性服務，沒想到在普通情況下高達百分之二十的無人在家機率居然降至百分之六。

想要實現這種零碎時間指定與通知服務，必須做好配送計畫與配送車輛狀況的即時管理。該公司將AI技術應用於這項管理上。引進日立製作所的AI「Hitachi AI Technology / H」，進行物流相關大數據的機械學習。藉此鎖定影響抵達時間準確度的主要因素，持續進行各種改善措施，使配送時間的誤差縮減到最小，配送效率發揮到最大。

製造業
物流
SCM

利用AI分析倉庫作業數據，規劃最佳流程並消除作業停滯

倉庫作業流程最佳化 ▼▼▼ 日立物流

日立物流與日立製作所共同合作，藉由AI分析大數據，致力於提升倉庫作業的生產能力。在演示實驗中，某些倉庫的生產能力提高百分之五至十。

每天都有大量的出貨、入庫訂單集中到物流倉庫。但是，作業員若完全按照訂單內容行動，往往會發生作業員聚集於同一場所的情形。如此一來，在前一位作業員從架上取下貨物的期間，下一位作業員只能站在原地空等，導致工作效率不佳。於是，日立物流決定交由AI控制作業先後順序作為消除作業停滯的對策。

需要輸入AI演算法的資料如下：作業日、作業開始時間、作業結束時間、作業員ID、商品ID、商品數量、商品架數量、出貨目的地ID。仔細調查以上資料與當天生產能力的相關性，可以發現時間帶分配與作業員的所在位置有著密不可分的關係。

日立製作所基礎研究中心產品主管嶺龍治主任研究員說明道：「這種現象可以解釋為作業員

的所在位置一旦發生重複，就會導致生產能力下降、作業現場出現作業停滯。實際前往現場查探，也確實看見了作業停滯的情形發生。」AI演算法導引出解決作業停滯的對策：打亂作業指示，避免讓作業員在同一時間前往相同場所。

模擬假如五號作業與十號作業互相交換，總共需要耗費多少作業時間，若能縮短作業時間，則予以採用。另外，如果七號作業與八號作業交換後，整體作業時間沒有改變，則不予變動。像這樣反覆計算獲得最佳作業順序，最後達到平均一個工作天能縮減百分之五至十作業時間的目標。但是後來不管如何改變順序，都無法再縮減更多的作業時間。

嶺主任研究員說道：「單靠當日工作數據來決定作業順序其實很容易造成誤差。於是，我們使用過去幾個月的工作資料，觀察作業員容易在哪個時間帶集中在一起，再交由AI演算法導出當天的作業順序。」

日立製作所將這種AI演算法歸類為「運轉判斷型」，是一種以業務相關的大數據（例如交易資料、商品該從哪個貨物架運到哪個貨物架等資料）為基礎，針對提高生產能力提出解決對策的AI技術。

人事
人力資源管理
總務

在任用員工前分析其「可塑性」，並理解人事評鑑的自然語言

人力資源管理 ▼▼▼ BizReach

「在決定錄取前看透應徵者是否能活躍於該職場」負責經營轉職網站 BizReach 的 BizReach 公司（東京都澀谷區）董事兼產品長（Chief Product Officer，簡稱為ＣＰＯ）——竹內真如此說道。

在ＡＩ技術實際應用於後勤辦公室這方面，其中正如火如荼上演研發競賽的正是人力資源管理。該公司於二〇一六年六月開放人力資源管理線上服務網站 HROMOS 的徵才管理功能。二〇一七年一月，追加考勤統計、勞務管理功能。二〇一七年春季，開始提供評鑑管理功能。

等到主要功能一應俱全，再讓運用ＡＩ技術的分析功能實裝上線。其最大特徵是能在應徵者進入公司前，便推斷出對方進公司任職後的「發展潛力」。例如，ＡＩ會針對應徵者的發展潛力，由高到低分別給予Ｓ、Ａ、Ｂ、Ｃ、Ｄ五段式評等。在這個情況下，發展潛力最受期待的是Ｓ等級，接著是Ａ等級，以此類推。企業面試官可以利用這個功能作為徵才活動的指標。

ＡＩ可以配合員工進入公司任職的期間，預測該員工的成長性。若職務為銷售人員，還能估

算出任職時間與業績的相關關係。

應徵者沒有工作實績，如何推斷他們的發展潛力呢？答案是分析企業累積的既有員工相關人事資料，以及應徵者的職務經歷書、應徵申請書（Entry Sheet）的內容。利用獨家開發的ＡＩ技術將兩者交叉比對，就能推斷出發展潛力。

包含錄取時的職務經歷書與應徵申請書在內，進公司後的職務經驗、考績、人事評鑑等等，都會被當成既有員工資料供ＡＩ分析使用。再加上「業績」這種定量數據，ＡＩ也能分析人事評鑑結果的自然語言。

分辨積極與消極的表現，分析詞彙的出現頻繁度與用字遣詞的傾向，歸納出活躍職場的人才類型。

受惠的不只招聘人才的資方。「還能預防員工進公司後才發現工作與理想有落差。」竹內先生強調應徵的勞方也能從中獲益。即使職業種類相同，例如同屬「銷售職務」或「專業技術職務」等等，不同的企業所需要的人才適性也不盡相同。誠如竹內先生所說：「就算能以銷售人員的身分活躍於Ａ公司，也很難在Ｂ公司任職，這樣的例子確實發生過。」

HROMOS推算出來的發展潛力「終究只是判斷依據的其中一種而已」，竹內先生叮囑道。「當人評論人時，獲得的結論必定各不相同，每人的判斷基準也很容易淪為曖昧不清的狀態。希望各位把HROMOS當成為了達到設下統一標準的目標而使用的其中一種手段。」

人事業務正興起一股AI線上服務的研發熱潮。尤其徵才更是備受各方期待的其中一個領域。研發團隊正致力開發一套系統，能夠有效率地判定徵才企業收到的應徵資料孰優孰劣。安裝機械學習技術，找出身為人類的負責人所無法判斷的盲點。

於人力資源管理領域實際應用數據資料的流程

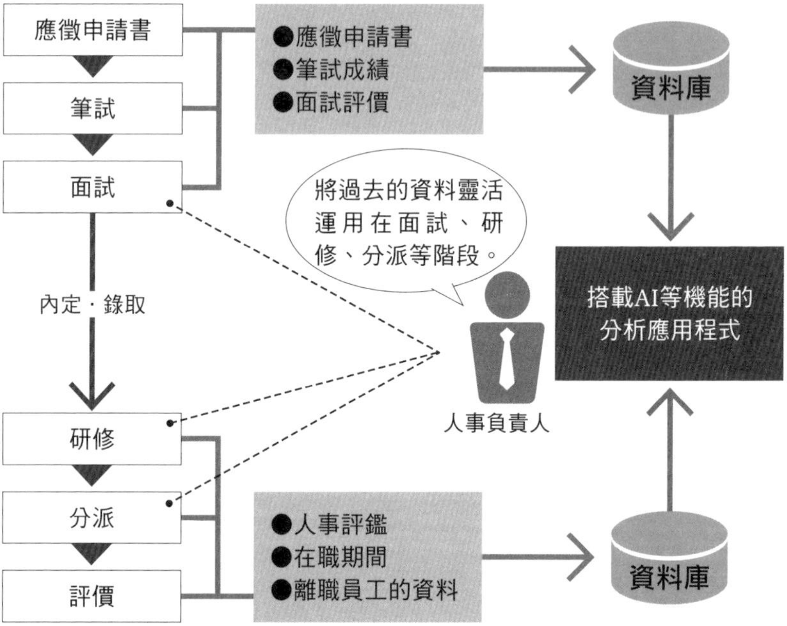

人事
人力資源管理
總務

向最合適的學生提出面試邀請，利用機械學習技術把握企業與學生的喜好

招聘應屆畢業生的面試邀請配對 ▼▼▼ 住友電裝、i-plug

住友電裝是住友電工的子公司，從事汽車用品製造與販賣。該公司在二〇一六年，有效利用由企業直接寄送面試邀請給學生的招聘應屆畢業生網站「OfferBox」。

OfferBox 是新創企業 i-plug 所提供的線上服務。除了年齡、性別、大學校名、持有證照、留學經驗等情報之外，學生還能表達「想到大企業就職」或「想做的工作」等期望，或是登錄展現自我特色的情報，例如深具回憶的圖片、研究簡報等等。企業的人事負責人可以輸入想面試的學生條件，瀏覽該名學生的登錄情報，向學生提出參與遴選階段的邀請。

在這類面試邀請上，i-plug 所採用的 AI 技術是機械學習技術。大企業的招聘應屆畢業生活動，往往需要許多人力來整理短時間內大量寄送來的應徵申請書。供企業使用搜尋功能尋找學生的 OfferBox 可以省下這些手續，但仍需花時間讀取每人的自我介紹。

具體來說，透過機械學習技術，OfferBox 得以學習企業與學生的特性以及行為數據。所謂的

行為數據，指的便是「企業會寄送邀請給具有哪種特質的學生？另一方面，哪種學生會接受面試邀請呢？」等情報。學生期望任職的企業會一直改變，所以 OfferBox 也會即時性地持續學習。

透過引入機械學習的演算法，OfferBox 能向企業面試官提供約一千名有較高機率接受面試邀請的學生。面試官可以輸入條件，從中篩選出最終寄送邀請的學生。學生特性約有二十項。其中有一部分屬於自由寫作，被歸類在「過去的軼聞趣事」類別，企業可以從這些文章判斷學生的興趣與為人。

企業可寄送面試邀請給一百名學生。不過，等到面試結果出爐，若學生未進入公司任職，企業可再寄送面試邀請給另外的學生。同時也設下學生在提供面試機會的企業之中，最多只能選擇十五間公司前往面試的限制。

從有極高機率到自家公司任職的學生當中，選出想要面試的學生，大幅縮短徵才時間。i-plug 的中野智哉社長說明成效：「因為引入機械學習技術的緣故，面試邀請的寄送率大約提高三成。換言之，以往企業主看過八位學生資料後會寄出一封邀請；現在則是看過六位學生資料後，就會寄出一封邀請。」

以促使想與企業會面的學生和想與學生會面的企業成功配對為目標

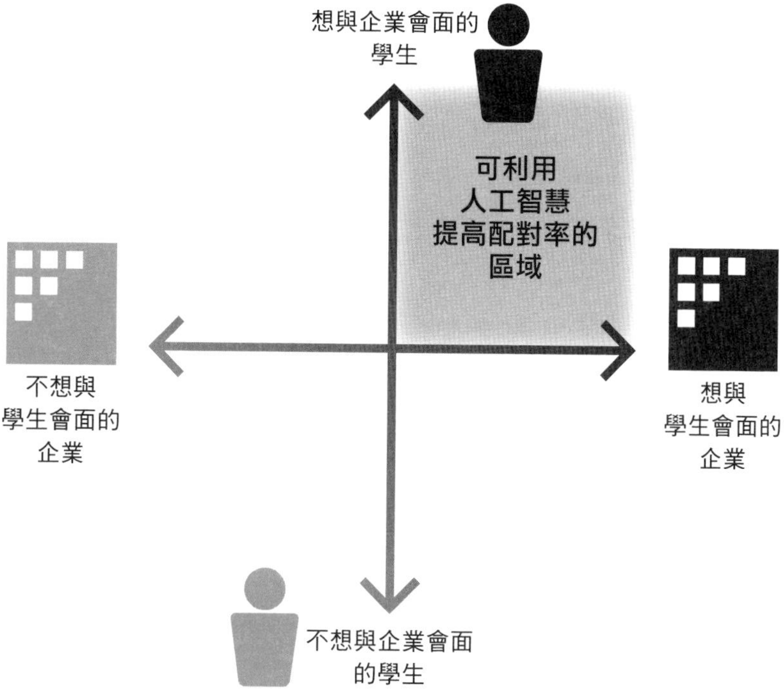

人事
人力資源管理
總務

分析考勤相關數據，計算四個月後的離職率

計算員工的離職率 ▸▸▸ SUSQUE

人事相關大數據分析公司SUSQUE（SASUKE，東京都澀谷區）開發出一套可以單靠員工考勤紀錄推算離職率的服務系統。二〇一六年十月，作為線上人力資源管理分析服務系統「SABUROKU」的新功能，開始提供外界使用。AI引擎會學習該企業過去離職員工的離職模式，以及現在員工的就業模式，分別生成符合各個顧客企業現況的預測模型。人事部門可參考每位員工四至五個月後的離職提示，預防重要人才離職的問題發生。

運用數個單獨演算法生成數千個符合企業現況的預測模型，接著從證實有效的預測模型中取前十名算出預測平均值，將其使用於判定標準上。「運用數千個參數，找出人類難以察覺的員工行為徵兆。」SUSQUE代表董事岡村慶尚如此說道。將考勤紀錄存為CSV檔案格式上傳至雲端服務，系統每個禮拜都會提供一份員工離職率排行表。至於為何提供四至五個月後的離職率，原因在於為了取得一至兩個月的帶薪休假資料。

除了考勤紀錄以外，若再加入員工特性與性向測驗結果一起考量，數據科學的準確度確實比不上仰賴人工作業的傳統分析方法。可是，數據科學具有單靠出勤紀錄便能輕鬆預測離職率的優點。如果兩者同樣只使用出勤紀錄進行預測，則數據科學的準確度會比傳統分析法平均高出一成。

線上人力資源管理服務系統「SABUROKU」的畫面示意圖

分析電子郵件，揪出可能洩漏機密的員工

分析「洩漏商業機密的潛在份子」▼▼▼幅銳態科技（FRONTEO）

在分析大量電子數據對應國際訴訟與不法調查方面擁有一千三百起實際功績的FRONTEO，以及經營防止洩漏機密服務的龍頭廠商Digital Arts，兩家公司從二〇一五年九月起聯手提供一項新服務：運用大數據生成企業專用的防止洩漏機密解決方案。

該服務系統結合了FRONTEO的電子郵件自動監視系統「Lit i View EMAIL AUDITOR」與Digital Arts的安全防護軟體「m-FILTER」。

FRONTEO將二〇一二年開發出來的AI技術引進到二〇一四年上市販售的Lit i View EMAIL AUDITOR系統。利用Lit i View EMAIL AUDITOR分析公司內部電子郵件內容，查出未來可能洩漏商業機密的員工。接著便能使用m-FILTER設定該員工為目標對象做出諸多限制，例如不能收發郵件或傳送附加檔案、禁止上傳檔案到網站等等。

具體流程如下：先假設「做出洩漏商業機密等不法行為的人，容易受到公司的人際關係與待

遇，債務與家庭環境等個人因素影響，做出洩漏商業機密的舉動。」在引進該服務系統的企業中，稽核人員透過徹查少數電子郵件，區分電子郵件是否含有涉嫌洩漏商業機密內容，例如對公司的抱怨、對方要求傳送機密的催促發言等等。

接下來，AI會針對這些出現在電子郵件中的信件內容進行比對，並且學習稽核人員區分郵件的判斷標準。除此之外，AI還會把出現在調查對象的郵件內容的單字依照品詞等級給予分數（最低零分，最高一萬分）再進行加權，最後把每封電子郵件的分數加總起來，算出總分。

舉例來說，「請問能傳送該商品情報給我嗎？」這個句子的得分是五百五十分；「每天看到那群無所事事的傢伙就有氣。」這個句子的得分則是五千五百分。計算出來的總分越高，代表該信件內容越接近經稽核人員判斷為「含有涉嫌洩漏商業機密內容」的電子郵件。

利用這個方法抽取與洩漏商業機密有緊密關聯的電子郵件，預測發生洩漏商業機密的風險高低。除此之外，系統還會向稽核人員回報電子郵件地址，顯示風險評估結果。稽核人員可選擇直接警告該員工，維持現況繼續監視該員工，或者使用Digital Arts的m-FILTER限制該員工收發郵件或傳送附加檔案的權限。

以擁有千名員工的一般企業來說，如果一位任職於該企業的員工一天收發一百封電子郵件，那麼全體員工一天要處理的電子郵件便有十萬封。假設稽核人員利用目視方式進行檢查，即使集結好幾位稽核人員的人力，也無法在一天內徹底檢查完畢。實際手動逐一檢查電子郵件的企業，可說根本不存在。

可是只要使用ＡＩ抽取與洩漏商業機密有緊密關聯的電子郵件，負責人就只需要稽核ＡＩ抽取出來的電子郵件即可。十萬封的電子郵件有可能被篩選到只剩兩百封。透過ＡＩ技術把需要檢查的目標數量減少到原本的五百分之一以下，讓稽核人員得以利用目視方式進行正確檢查。再者，ＡＩ每天都會學習判斷結果，自動給分的準確度也會跟著提高。

由「華生」負責支援員工，自動回答人事與法務相關詢問

提供人事與法務相關諮詢服務 ▼▼▼ 軟銀集團

軟銀引進美國ＩＢＭ問答系統「華生」用以改革人事總務業務，將一個月約八千件來自員工的查詢交由華生負責解答。作為第一波改革，華生將針對社員提出的各種諮詢（例如如何申請電腦報修或公文線上簽核、變更通勤路線、會計相關事務等等）提出明確解答。

軟銀在二〇一三年設立員工支援服務中心。除了有意提升員工滿意度之外，每個月收到約八千件來自員工的查詢也是主要原因之一。假設平均花費五分鐘回答一個問題，一個月下來總共要花費四萬分鐘（約六百六十六個小時）。

以後只要讓華生讀取常見問答集，便能瞬間回答社員的提問。「我想送花祝賀有交易往來的公司股票上市，請問我該怎麼做才好？」即使員工提出這樣的問題，華生也能提供解答。

華生還有提供法務諮詢服務。軟銀一年大概要擬定八千一百份契約書。教導華生學會過往的判例與法條，讓華生檢查員工擬定的契約書甚至提出修正案，如此一來可縮減擬定契約書的一半

工作量。

軟銀也將華生應用於讓員工適才適所的人事布署。華生會參照人事評鑑、履歷、取得的資格證照、過去參與的研修內容等等，回答每位員工適合的職務。

軟銀正在探討將華生運用於人力招募的可行性：讓華生負責回答求職學生的提問。具體做法是將華生實裝在人形機器人「Pepper」上，然後配置於全國的大學。

由華生評核應徵申請書的計畫也在陸續進行中。軟銀正在研究如何根據過去在軟銀表現良好的員工資料，從眾多應徵者資料篩選出適當人才，或是網羅國內外沒有遞交應徵申請書卻深具潛力的人才。華生將篩選出經軟銀錄取後能有優異表現的最佳人才。

切換演算法做出精密預測，把太陽能、蓄電池、發電機調整至最佳運轉狀態

能源消耗量預測 ▼▼▼ 大林組

大林組運用被成為「異種混合」的ＡＩ機械學習技術，進行耗電量的精密預測。在東京都清瀨市的技術研究所中，電力需求預測系統正式運轉。利用機械學習分析過去的電力需求、氣象、氣象預報等資料，預測一個禮拜每三十分鐘的電力需求量。只要選擇符合條件（每三十分鐘預測一次）的預測公式（演算法）便能計算出來。

大林組技術研究所的廠區內擁有太陽能發電機、蓄電池、發電機（瓦斯引擎）。為了達成「精密預測電量，減少三成契約容量，降低整體運轉費用」這個目標，大林組正在研擬太陽能發電機、蓄電池、發電機的最佳運轉模式。

使用太陽能發電機發電，最能降低運轉費用。週末用電量下滑，若是天氣晴朗，就能單靠太陽能發電機供給電力，無需額外購買電力。在前一天讓蓄電池放電確保重新充電的蓄電量，然後利用太陽能發電機的多餘電力為蓄電池充電。最後，平日購買電力的需求性也會跟著下降。

ＡＩ會從十到二十種預測公式中自動計算電力需求量，也具有自動重新評估的功能。至於ＡＩ選用何種預測公式的理由，可從因果關係反推回去，這也是大林組採用ＡＩ進行預測的原因之一。

基本電量預測

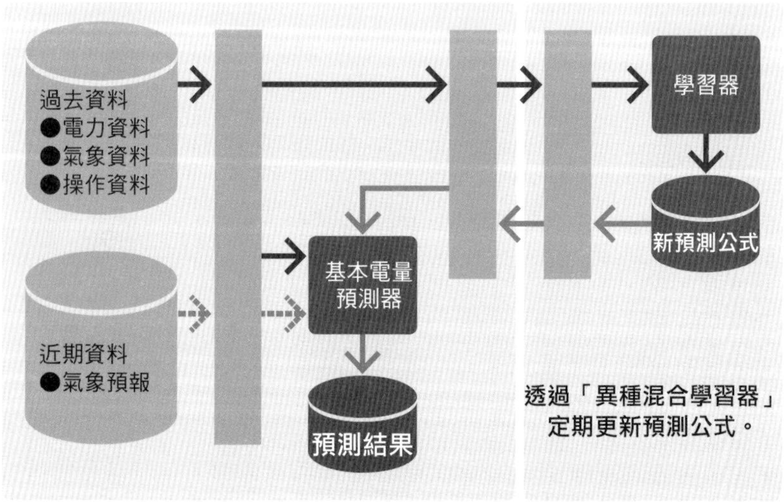

人事
人力資源管理
總務

代替員工執行日常業務：員工成長速度、各種職務與組織也將隨之改變

代為執行例行公事 ▼▼▼ Works Applications

在企業內部業務方面，每天都要永無止盡的輸入相同資料，或在網路上查詢情報，這樣的情況應該不在少數。

往後，這些單純制式作業可交由AI負責，人類可望專心從事更具創造力與富有利潤的工作。大致可分為兩大方向。

第一種是打造搭載AI技術，供處理日常業務使用的公司系統的基礎建設；第二種是讓AI接替公司內部負責人的各種制式作業。

這些不是遙不可及的未來，而是已經開始實現的事實。

ERP是一種用來處理全公司業務的企業資源計劃系統。從事相關開發的龍頭公司Works Applications在二〇一五年十二月，傾注全力開發出搭載AI功能的ERP系統「HUE」。

預測輸入內容與數值並提出建議

ＨＵＥ可從員工使用系統處理的業務內容，預測可能輸入的數值與文字，快速提出建議，根據行程表或電子郵件等內容推測工作與行動。還能代替員工把一些必要情報輸進待填寫的申請書等文件。Works Applications產品解決方案事業總部解決方案規劃集團經理松本耕喜說明，首要目標是「保留ＥＲＰ原有的功能，提升員工的生產能力」。

例如，Ａ先生乘坐新幹線從東京前往大阪，使用公費與客戶在日本料理店用餐，然後在當地住宿一晚。此時ＨＵＥ會把Ａ先生的行動對照行程表、信用卡結帳資料，在後台直接進行分析。判斷Ａ先生正在出差後，自動開立出差旅費帳單明細，預先輸入必要情報。

等到出差結束返回公司時，基本資料已經填寫完畢，Ａ先生只需檢查一遍就能遞交出去。「和人類手動輸入資料相比，作業時間銳減到原本的十分之一。從開始出差到結算出差旅費為止所需花費的時間，則降低到原本的三分之一。」松本先生如此說道。

數據資料的質跟量有助於提升ＨＵＥ的性能。因此，ＨＵＥ會從全球客戶輸入的資料中，篩選合適的資料加以學習。如同Google利用全世界使用者的輸入資料磨練準確度一樣，「配合ＨＵＥ的開放，包含外國人在內的先進開發陣容大換血，從零打造完善的雲端基礎建設。接下來還要加強ＡＩ支援功能。」ＨＵＥ開發負責人兼合夥人廣原亞樹如此說道。

現在ＨＵＥ所提供與ＡＩ相容的自動化流程包含人事、薪資、勞務管理、會計、財物管理、投資管理、不動產管理、供應鏈管理的行銷、採購、成本管理等等。目前已有建設公司、船運公司、大學、流通公司、廣播電台決定引進ＨＵＥ，將於二〇一七年正式上線運轉。

機器人代為執行業務，預計與ＡＩ連結

另一種情況是把工作交給電腦上的機器人負責處理。從二〇一六年初開始，以「ＲＰＡ」（Robotic Process Autpmation，機器人流程自動化）這名字為大眾所知。在電腦處理自動化方面，最有名的例子莫過於電子試算表軟體「Excel」的巨集功能，但是ＲＰＡ則是利用電腦直接代替作業員執行操作。自動輸入金融機關業務處理系統的資料、從各調查公司或研究機關等指定場所蒐集龐大數據，這些都是各企業「機器人」能勝任的工作。例如網購公司想從合作公司的網站蒐集、分析龐大的銷售成果數據，此時就能運用ＲＰＡ完成這項工作。

ＲＰＡ簡直就像以人類同事的身分開始在公司內部工作。專門協助企業引進ＲＰＡ的RPA Technologies公司的大角暢之社長表示：「目前有一百間公司採用，共計四千台機器人上線運作。

據說直到二〇二五年，RPA可能接替全球一億名腦力勞動者的工作，往後十至二十年會有百分之四十九職業被RPA取代。」

目前RPA在日本多被運用在業務處理自動化，「但是在美國已開始運用在AI領域。」大角先生說道。美國開始實際運用AI技術的新功能，讓機器人辨識已學習的員工作業內容。

RPA也在企業中擔任促使各種AI應用步伐加快的角色。一開始AI需要龐大的作業資料讓系統記住操作方式。此時就能利用RPA進行蒐集、輸入學習作業的相關資料。

人事布局與職涯路徑也將隨之改變。支援RPA引進作業的德碩管理顧問公司（Abeam consulting）的執行董事兼主要業務戰情單位經營改革部門部長安部慶喜指出：「在制式化作業交由AI與機器人代為處理的時代，新進員工跟在前輩身後任人使喚、接受指導，這樣的場面即將消失不見。人類的成長速度將產生改變。」

如前所述，一旦企業正式啟用AI或業務處理機器人，後勤部門的工作內容自然不用說，管理階層的任務、各工作現場的人才培訓方式也會逐漸改變。這種情況不僅能改善工作效率，也是一個提升競爭力的好機會。讓公司改頭換面，化身能在二〇二〇年代存活下去的優質企業，引進AI技術與機器人已成為不可或缺的必備條件。

面對意見分歧的議題，由ＡＩ提供贊成、反對意見

經營判斷 ▼▼▼ 日立製作所

二〇一六年六月二日，日立製作所公開發表已開發出新型基礎技術：面對意見分歧的議題，由ＡＩ提供贊成、反對意見。搭載這項技術的「辯論型人工智慧」一接收到探討議題便會陳述贊成或反對的理由，提出論據與反例。例如給予「應該禁止賭博嗎？」這個議題，辯論型人工智慧會列舉出「引發賭博成癮的問題」等正方意見，以及「可帶動地方經濟」等反方意見，接著從新聞報導中篩選作為該項意見論據的實例供使用者參考。

辯論型人工智慧系統執行的處理工作分為三個步驟：一、針對接收到的議題做出分析說明；二、從龐大的文字資料抽取作為正方或反方論據的實例；三、利用依序排列或換句話說的手法，編排成人類易懂的通順文章。

除了大量文字資料，這個系統還使用了獨家開發的「價值體系辭典」與「相關性資料庫」。價值體系辭典會把人類敘述論證與意見時所呈現出來的價值觀，實裝到電腦上。以紀錄許多議題

的贊成與反對意見的辯論資料庫為基礎，將價值觀與相關單字系統化。例如提到與「健康」有關的價值觀，正面觀感為「運動」，負面觀感為「生病」、「肥胖」。價值體系辭典可將這些單字的關聯性統合成一個完整系統。

相關性資料庫負責的工作是管理哪種現象會引發何種價值觀。從被使用於新聞報導的各種文章中，抽取刊登出來的事件所引發的價值觀，再把那種現象對價值觀造成正面或負面影響的相關性呈現出來。例如從「噪音會導致健康危害」這則新聞中，抽取「噪音」現象損害「健康」價值的負面影響。日立製作所從約九百七十萬件的新聞報導，製作出約兩億五千萬筆的相關性資料庫。

該公司於二〇一五年七月宣布開發出可以分析大量英文新聞並且以英文陳述意見的基礎技術。在當時的技術中，研發團隊將英文特有的文法程式化，以此為基礎抽取作為論據與理由的句子。因此在發展包含日文的其他語言之際，就得分別製作對應該語言的專屬程式。

在本次發表中，研發團隊運用深度學習（Deep learning）解決這項課題。新技術無需依賴語言，便能成功識別和討論議題具有高度關聯性的論證句、理由句。具體做法是從好幾千篇新聞報導中，抽取說明論據與理由的句子，讓系統進行深度學習，藉此獲取新聞報導的規則與模式，辨識論據句與理由句。

從分析議題到提出理由的流程圖

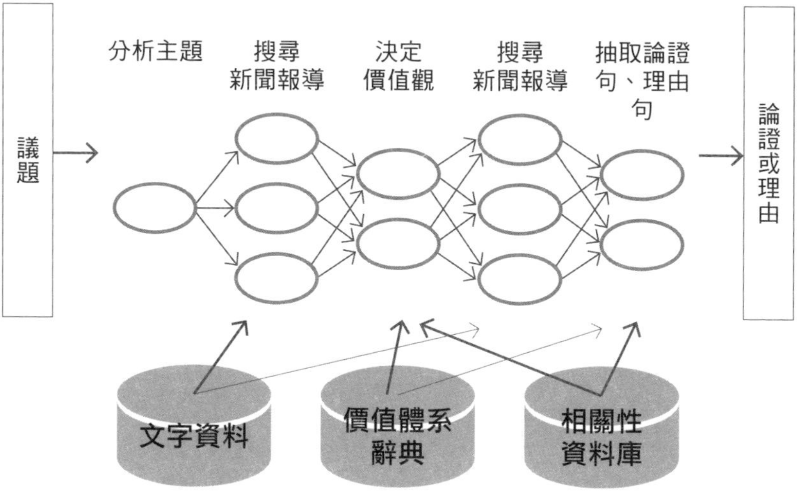

訪談

由ＡＩ應用專業部門支援貿易公司的新事業

運用ＡＩ處理公司內部業務與英文同列為必備技能

占部利充 ▼ 三菱商事商業服務部門ＣＥＯ常務執行董事

提出將人工智慧（ＡＩ）全面應用於經營管理的主張，設置專業推廣部門。在此向身兼最高數位執行長的占部常務執行董事請教應用方針。

——將ＡＩ應用於經營管理的主張是？

ＡＩ正迎來它的第三次熱潮。以往只局限於ＩＴ部門與ＩＴ產業，但這波變遷的影響力卻遍及全公司與各種產業。ＡＩ的發展進度隨產業差異而有所不同，ＡＩ技術在汽車業、零售業（流通業）發展得非常迅速，目前漸漸擴展到其他製造業、化學、資源操作等領域。

二〇一六年五月，三菱商事提出新經營策略，為了創造支撐事業成長變化的推動力，垣內威彥社長宣布「將透過發展先進技術（ＡＩ或ＩＯＴ）促使事業持續成長」。企業領導者應把ＡＩ

與ＩＯＴ當作一種經營管理或事業體，親自參與改革。

如何推廣ＡＩ應用？

為了因應這項需求，在二〇一五年設立的「數位應用推廣會議」底下成立五個分科會，約有一百二十名商務現場的中堅分子加入這個組織。現在已發展為擁有約一百六十名成員的規模。

這個組織探討的主題，與ＩＯＴ有關的有兩個：汽車機械工程與廠房基礎設備，其他還有零售網路行銷、金融科技、智能企業。ＡＩ則與所有主題都有關聯。其中智能企業將改變公司的營運方式，需要用到許多ＡＩ技術。

最初，我們分享從ＩＴ發展到ＡＩ、ＩＯＴ的各種實例與技術，並發表將其貨幣化的方法。每個月舉行會議，在半年內討論出約六十種新構想。每兩個月參與經營會議，向包含社長在內的會議成員報告進度。隨時掌握公司正在進行的所有案件。當然，這些新構想能否與實際商務做連結又是另外一個問題。不過從二〇一七年春季開始，可能會有實際應用的成果出現。

推廣ＡＩ應用也需要專業知識與技能嗎？

在舉辦數位應用推廣會議的過程中，我們逐漸明白ＡＩ與ＩＯＴ在許多案件中其實是通用的。既然如此，我們認為有必要建立專業支援體制，於是在數位商業開發部門底下設立「ＡＩ應用推廣室」與「ＩＯＴ推廣室」。包含兼職人員在內，分別為七人、四人編制。顧問諮詢公司「SIGMAXYZ」、ＩＴ新創企業「日本塔塔諮詢服務公司」也有參與其中。

——如何推廣ＡＩ應用？

長久的改變與眼前的改變，必須將這兩者分開思考才行。眼前必須要做的改變是將ＡＩ當成一種功能或工具，主要用來提升工作效率與準確性。輸入各種資料讓ＡＩ整合分析。當然經營管理情報也包含在內。

至於實施這項策略的過程中，企業組織型態是否會跟著改變？這是之後才要探討的問題。另一方面，若以長久的眼光來看，我們不得不正視「ＡＩ奪走工作」這個議題，但是我不認為這個議題代表全然的壞事。既然有工作消失不見，一定也會有新的工作機會降臨。

ＡＩ可以化身為作業員的助手，也能支援法務與審查作業等高專業度的工作。目前我們的研究尚未如此深入，但是未來將毫不猶豫地朝著那個方向繼續鑽研下去。

——讓ＡＩ肩負判斷經營決策的重任，您對這件事有何看法？

現在的ＡＩ還無法達到判斷經營決策的程度不是嗎？在預先設定的假設條件下運用ＡＩ，這已是最大極限。設定目標，使用ＡＩ二十四小時不間斷地處理大量數據資料，直到達成目標為止。

不過，世界經濟論壇（俗稱達佛斯論壇）曾針對ＡＩ是否該加入董事會這個問題做出意見調查，結果有百分之四十五的人回答這個變化將在二〇二五年降臨。事實上，董事會的某些決策確實可以交由ＡＩ代為決定。例如需要對照各種經驗與過去案例的決策。在律師或註冊會計師的業界中，已開始利用ＡＩ分析經營決策。

可是，像是「這間公司開拓事業的目的為何」、「對社會有何回饋」這種附帶價值觀的議題，還是必須依靠人類才能做出正確決策。

——貿易公司經營範圍廣泛，ＡＩ能掌握各事業體狀況，暗示攜手合作的時機嗎？

那或許是ＡＩ累積重重經驗，吸收種種資訊所展現出來的最終型態。但現階段只是協助人類做出判斷，負責整理資訊的一種工具。短時間內還無法抵達那種境界。

——現在實際進行的ＡＩ應用有哪些呢？

利用美國ＩＢＭ認知型電腦「華生」進行公司內部ＩＴ服務台的應用測試。引進華生技術初期約莫實施半年實驗，與參照資料庫回答問題的人工作業相比，除了成本下降之外，也實現了提升答題正確率的目標。舊系統的百分之六十七答題正確率因此提升至百分之八十九。

為了達到目前的使用成效，必須好好整理一堆輸入資料。我們目前花費還不到半年，大約數個月時間從事這項作業。所以我認為百分之八十九的答題正確率以後有望繼續升高。

ＩＴ支援是企業集團不可或缺的一部分，可橫向發展結構的類似查詢業務也存在於人事與會計部門，未來預計繼續推廣下去。

——是否有意將ＡＩ運用在招聘人才、人事部屬、人事評鑑等人事管理方面？

我們確實討論過人力資源策略的ＡＩ應用，不過目前尚處於試行階段。讓大約一百名員工配戴感測器，蒐集行為數據，致力於分析、改善組織氣候（Organisation climate）。至於招聘人才方面，我們也開始著手進行利用ＡＩ提升工作效率的相關調查。

——引進或運用ＡＩ時要注意什麼？

千萬不要讓公司業務淪為黑箱作業。貿易公司多半需要人類親臨現場或接觸第一手消息才能清楚掌握買賣交易。但也無需杞人憂天，只要邊執行策略邊解決問題即可。安全性的問題也需要格外留意。

此外，務必讓各商業部門好好學習ＡＩ應用的知識與技能，否則員工根本無法靈活應用ＡＩ技術。如同與客戶談生意時，能說出一口流暢英文是必需條件一般。

占部利充

一九七八年進入三菱商事工作，隸屬人事部門。一九八九年服務於美國三菱商事公司。二〇〇〇年調派至IT Frontier（現在的日本塔塔諮詢服務公司）擔任執行董事。二〇〇二年擔任商業投資企業幹部助理，二〇〇六年晉升人事部長。二〇〇九年就任執行董事。二〇一三年任現職。

※此文刊載於《日經BigData》二〇一七年一月號

訪談

主體事業總有一天會消失

洞悉市場變遷，隨時做好準備

古森重隆◀富士軟片股份有限公司董事長

每個企業都有自己的主體事業。但現在已經不能期待主體事業能長久不變地經營下去。

連日本最具代表性的汽車業也不例外。一旦EV電動車（Electric vehicle）普及化，將成為與現今汽車截然不同的產品。屆時日本各企業掌握一定市占率的局面可能一夕驟變。

敝司曾在二〇〇〇年代遭遇痛失本業的經歷。使用銀鹽作為感光材料的底片，從發明至今擁有兩百年歷史，卻在短短五年間失去市場。「與其等著被其他公司消滅，不如放手一搏。」於是敝司不計成本地率先開發畫質足以和底片相機匹敵的數位相機。

前幾年進行得很順利。晉升數位相機的主要製造商，擁有百分之三十以上的市占率，獲益足以彌補底片銷售下滑的虧損。但是隨著相機廠商、電器製造商陸續加入，市場掀起一場割喉戰，數位相機價格急速崩盤。緊接著，曾經擁有超過一億台數量規模的數位相機市場受到智慧型手機瓜分客源，銷售規模銳減至原本的三分之一以下。目前主戰場已轉移到高階相機市場。

經過十年、二十年後，社會將如何改變？在這股變遷的洪流中，「我們要在能力所及的範圍內做什麼事，才能倖存下來呢？」每個企業都必須認真思考未來走向。

眼前當務之急，是將ＩＯＴ（物聯網）與ＡＩ（人工智慧）時代的來臨視為一種環境變遷。自家公司因應ＩＯＴ時代的關鍵技術是什麼？例如敝司擁有包含化學與材料技術、軟體、機電工程學、電子學在內的複合技術。於是重點便落在如何利用這些綜合實力創造新契機。

當然，單憑現有技術思考布局其實並不周全，企業還得「準備」洞悉未來環境變遷的新技術。如同敝司跨足再生醫學一樣，這些「準備」都是為了開拓未來市場的必要投資。

在美國，「一項技術遭到淘汰，代表該公司氣數已盡，只要讓擁有新技術的公司取而代之即可。」這種想法十分常見。但是我卻不這麼認為。企業擁有研究開發、生產、銷售、業務人員等各種優秀人才。這些人才在其他經營資源的輔助下打造新商品，成為每間公司最有價值的資產。只因單一產品遭淘汰便解散整個企業，這樣未免太可惜。企業應該持續經營（going concern）員工與部門、技術、企業文化等等，只要讓這些優秀資產持續發揮作用，就能找到全新的商業價值。企業擁有這種不斷創造商業價值的能力。

經營者需具備判斷技術優劣的眼光，才能做出正確的經營決策。即使只是一般事務部門出身，對科技造詣不深也不成問題。最重要的不是理解那項技術本身是什麼，而是探究世上存在著什麼問題，找出利用技術解決問題的方法。關鍵就在於能否看透這層道理。

目前還流傳一種說法——將來ＡＩ也能做出經營決策。圍棋方面，瞬間完成複雜計算能力的部分，確實無人能與ＡＩ匹敵。但經營決策不一樣，因為其中蘊含難以用數字呈現的要素。

究竟是什麼要素呢？那就是「無論如何都想做」的這份熱情、意志、使命感、美學、浪漫、直覺等等。從數據上來看Ａ是較好的選擇，但是自己想選的是Ｂ。即使處於不利條件，Ｂ選項仍然比較符合企業理念，較能鼓舞員工氣勢。所以全體員工都能全力以赴，創造最佳成果。明明缺乏合理性，最後卻成為最好選項的情況屢見不鮮。具備長遠眼光的的經營者在做出經營決策之際，應把這種情況也考慮在內。

古森重隆
富士軟片股份有限公司董事長．CEO。一九三九年出生於舊滿洲國。一九六三年東京大學畢業，進入富士軟片工作。二〇〇三年六月就任代表董事。大幅調整原本以底片為主的事業結構。

※此文刊載於《日經BigData》二〇一六年八月八日號

Part 3

AI的進化與專業化

讓ＡＩ記者自動產出文章

透過培養ＡＩ與機器人的價值觀

DATASECTION ＣＴＯ（技術長）
池上俊介

為順應舉辦東京奧運的二〇二〇年到來，到處可見各式各樣的ＡＩ與機器人應用。在少子高齡化與工作年齡人口減少問題日趨嚴重的情況下，ＡＩ會強行進入勞工的日常生活嗎？科技進步帶來的影響紛紛被指摘出來。

二〇一九年度的工作年齡人口預測人數為七千四百二十七萬人。到了二〇四〇年，必要就業人口將出現百分之十一的缺口，所以透過ＡＩ、機器人、ＩＯＴ這三項技術革新，朝「省人化」目標邁進是不可避免的趨勢。除了自動駕駛巴士、運用ＩＯＴ技術的遠距健康諮詢系統以外，結合機器人的接待客人演示實驗已經開始進行，看護機器人的需求性也與日俱增。甚至有研發團隊正在構想能擔任創意總監一職的ＡＩ。

有些工作將被ＡＩ與機器人取代，就連會計師、飛行員的工作都不算絕對安全。在這種情況下，我們必須慎重處置「對於職業與生活型態的價值觀產生變化」這件事。跟不上包含ＡＩ在內的ＩＴ應用發展速度、無法適應這股變遷的人們若被置之不理，數位鴻溝（Digital divide）的問題也會隨之擴大。如此一來，這種社會變遷將帶來不亞於工業革命的強烈衝擊。

（ＡＩ記者）

在雖說是「未來」其實只相隔兩年的二〇二〇年，快速發展的人工智慧會對生活的哪個方面或何種工作造成影響呢？更甚者，人類會過得比現在幸福嗎？

上一頁以此主題書寫而成的新聞報導，是由署名「ＡＩ記者」的電腦文書自動生成功能所撰寫。由於最後還是經過人為調整文章結構與文章脈絡、進行最終校稿，所以現階段很難稱它為「全自動化的ＡＩ記者」。但在不久的將來，ＡＩ將寫出更多的新聞報導。本文將依序說明ＡＩ自動生成新聞報導的過程，帶領各位讀者探究文書自動生成功能今後在ＡＩ領域中的發展，以及展望未來二十年的動向。

ＡＩ與機械學習

深度學習屬於機械學習的其中一種技術，因為它的快速發展讓ＡＩ領域邁進嶄新階段。從大量圖片中自動學習「貓該有的樣子」這種抽象特徵，在面對各種不同模樣的貓圖片之際，發揮不輸人類的辨識能力。除此之外，美國Google的AlphaGo也打敗專業棋士贏得勝利。在機械學習的領域中，這些新話題可說頻頻可見。

筆者所屬的DATASECTION也讓Google公司提供的機械學習平台TensorFlow學習圖片、影像、股票、文章、對話紀錄等大量資料，並且積極開發各種應用方式，例如標記影像與圖片、圖像過濾、察覺趨勢變動、聊天機器人（Chatbot）等等。

當然，ＡＩ其實不如一般人所想的那般萬能。ＡＩ的主要任務是參照有用數據，針對工作任務做出特定規劃，作為可供現場利用的一種工具以取得工作成果。本文的「ＡＩ記者」也是屬於機械學習應用領域的一部分。

AI記者的實際情況

二〇一六年十一月一日，《中部經濟新聞》在報紙上發表創刊七十週年紀念報導〈本篇報導由AI記者所寫〉（網路新聞網址為http://www.chukei-ai.com/）。這篇由創刊軼事、七十年歷史、感謝話語所組成的文章，是電腦學習《中部經濟新聞》過去的報導後，自動書寫出來的成品。

雖說是「自動書寫」，卻不是從頭到尾代替記者寫完整篇報導的意思。相較於由人類構思的文章結構，過程中還得調整自動生成文章的上下文連貫性、一邊靠人工確認一邊生成報導文章。在一篇報導中，記者必須展現自己的主張與觀點。AI雖能自動書寫類似文章，但整體而言尚未到達寫出有內容文章的程度，所以才會採取這種人工與電腦交替的作業方式。文章開頭的那篇報導文章的自動生成步驟如下所示。

舊報導的機械學習與自動生成文章

這類主題的報導通常都是由記者採訪專家後執筆撰寫，但這篇報導則是電腦執行機械學習，把大約一萬四千篇與「人工智慧」、「二〇二〇年」有關的日經BP舊報導，以及約三十萬筆從網路蒐集而來，刊載於部落格與Twitter上的報導文章集結成語料庫（Corpus），最後自動書寫而成的文章。

當人類指定作為文章背景的關鍵字與一個文章開頭單字後，電腦便能利用機械學習學到的文字之間的字義聯想度、出現率差距，接續開頭繼續堆砌文字，自動生成各式各樣的文章。例如以下是沒有原始資料（原文）存在，利用隨機單字組合所自動生成的句子，也能當成相似的短文閱讀。藉由使用關鍵字指定文章背景，電腦幾乎不會輸出內容差異甚大的文章。

・文章背景關鍵字

高齡化、勞動人口、ＡＩ、機器人

・文章開頭單字

ＡＩ

・自動生成的文章

ＡＩ應有的姿態可能會實現。

可用ＡＩ替代。

利用ＡＩ、機器人、ＩＯＴ這三項技術革新落實省人化加以阻止。利用ＡＩ、機器人、ＩＯＴ這三項技術革新落實省人化可充分彌補不足。ＡＩ與機器十分重要。

從結構生成文章

輸入一個作為文章背景的單字，電腦便能利用機械學習自動生成各種文章。由於學習資料是日經ＢＰ的報導文章，有時文章內容會出現連記者都沒想到的有意義情報。多次追加修正關鍵字，最後從篩選出來的候補文章中進行選擇。重複以上步驟，將自動生成的文章逐漸轉換為一篇報導。初步寫完後，使用人工作業調整上下文的連貫性與文末表現（譯註：日文會隨著說話者身分或對象情境不同，而有不同的文末表現。），提高報導的完成度。不過，如果利用機械學習技術讓電腦自動學習人工作業的部分，例如調整文章脈絡或提高報導完成度，相信在不久的未來，生成報導作業的自動化部分將隨之增加。

記者該如何面對ＡＩ？

「寫報導」是一件高腦力作業。記者必須決定主題，蒐集與篩選資料，使用易讀易懂的文章脈絡與適當字數寫出吸引讀者的內容。若利用ＡＩ讓這項作業自動化，可望提升記者的生產能力與報導品質。例如足球比賽分出勝負、或是企業公布財務報表後不久，面臨這種文章格式固定、主要追求快速報導的狀況，就是自動書寫最能發揮功效的時候。

二十年後的未來，說不定每支智慧型手機都有使用者專屬的ＡＩ記者，除了自動讀取網路資訊，還會配合使用者關注的事項與理解力自動寫出相關報導。

順帶一提，ＡＩ記者的原稿如下文所示。由於文章長度一拉長便容易出現破綻的緣故，所以幾乎都由短句組成。不過已勉強達到意思通順的程度（按理來說，從這階段開始的連結多個句子的作業也能交由電腦自動處理，但目前還是利用人工作業處理）。

ＡＩ記者的原稿

順應舉辦東京奧運的二〇二〇年到來，各種準備工作陸續進行中。到處可見各式各樣的ＡＩ與機器人應用。少子高齡化與工作年齡人口減少問題日趨嚴重。ＡＩ會強行進入勞工的日常生活嗎？科技進步帶來的變化一一被指出來。

工作年齡人口總計七千四百二十七萬人。必要就業人口將短少百分之十一。利用ＡＩ、機器人、ＩＯＴ這三項技術革新落實省人化，可充分彌補人力不足。人工智慧支援是一種必不可少的存在。自動駕駛巴士、運用ＩＯＴ技術的遠距健康諮詢系統都已進入演示實驗階段。結合機器人的接待客人演示實驗也已經開始進行。看護機器人的需求性與日俱增。還有能擔任創意總監的ＡＩ。

一般工作被ＡＩ與機器人取代的可能性很高。就連會計師、飛行員的工作也不算安全。我們必須謹慎面對ＩＴ環境的快速轉變，尤其是它會讓生活型態也產生變化，無法跟上ＡＩ或ＩＴ應用的人們將被大環境排除在外，造成數位鴻溝（Digital divide）的問題，可能帶來不亞於工業革命的強烈衝擊。

池上俊介
DATASECTION ＣＴＯ（技術長）。專門從事包含使用社群媒體等大規模文字資料的自然語言處理、機械學習、人工智慧技術服務項目的開發研究。

運用「華生」治療癌症患者，三十分鐘內完成原需耗費一年的分析作業

基因檢測 ▼▼▼ 東京大學醫學科學研究所

東京大學醫學科學研究所（東大醫科研）運用認知運算技術「華生」致力研究治療癌症的方法。華生系統可透過自然語言理解問題，分析大量數據提出有根據的答案。若遇到人類指出其他適合的答案，華生也具備藉由學習提升準確度的功能。

東大醫科研的目標是實現個人化醫療（Personalized medicine），配合每位患者提供不同的醫療方法。找出每位患者適合的醫療方法的手段之一便是基因體分析。對癌細胞的ＤＮＡ與患者的正常ＤＮＡ進行「全基因體定序（Whole Genome Sequencing）分析」（解讀全基因體情報，確定全基因體序列的差異與變化。），調查兩者的差異。不過全基因體情報大約相當於六十億字數的資料，當然不可能使用人工作業剖析。於是東大醫科研在二〇一五年七月引進專為基因體分析設計的「Watson for Genomics，簡稱ＷｆＧ」。東大醫科研遂成為北美以外第一個引進ＷｆＧ的醫療研究機構。

ＷｆＧ可學習為數眾多的情報：兩千萬筆以上的論文摘要、一千五百筆以上的藥品專利情報；從全球研究機構蒐集而來，超過一百萬筆的癌細胞基因變異相關情報等等。找出癌細胞與正常細胞的ＤＮＡ差異，分析這些情報，依照機率由高到低的順序，篩選出數十種造成基因突變的可能原因。

東大醫科研在引進ＷｆＧ之前，也曾使用人力進行相同的分析作業，找出「大腸息肉症」的形成原因。當時的作業方式是用肉眼查看顯示於電腦畫面的定序資料，從中找出可疑之處。直到找出原因為止，總共花費了一年的時間。如今這一連串的分析作業因引進ＷｆＧ而大幅縮短流程，不到三十分鐘便能結束。最後醫生可參考這項分析結果做出診斷，為患者進行治療。

ＷｆＧ已有造福病患的真實案例。一名六十幾歲的女性患者，被診斷為罹患急性骨髓性白血病，且不適合接受標準化學療法。利用ＷｆＧ分析基因資訊後，發現該患者罹患的是罕見的「二次性白血病」。在醫生的判斷下變更治療藥品，歷經數個月後，該患者已康復痊癒並出院。

專家
侍酒師

生成學習個人偏好口味的ＡＩ，從一千種葡萄酒中選出推薦商品

葡萄酒與日本酒的侍酒師 ▼▼▼ 大丸松坂屋百貨公司、三越伊勢丹

二〇一六年秋天，會向客人推薦美酒的ＡＩ侍酒師以期間限定的形式現身於大丸松坂屋百貨公司、三越伊勢丹。只要利用平板或智慧型手機回答自己的偏好，就能獲得「您對『甜味』、『苦味』的感覺特別靈敏」的診斷結果。接下來，ＡＩ侍酒師會配合客人的偏好推薦葡萄酒或日本酒。

換言之，ＡＩ侍酒師可創造超乎專櫃負責人預料的業績。大丸東京店期間限定展覽的專櫃上，約有兩百種葡萄酒可供試喝，顧客可在自己的智慧型手機上叫出「侍酒師（Sommelier）」網站，分「甜味」、「酸味」、「苦味」、「澀味」、「餘韻」五項目進行評分。等到評價數種葡萄酒並累積一定資料後，系統會與其他人的資料進行比較，掌握該使用者的口味趨勢。學到個人偏好口味的ＡＩ生成後，再從專櫃的一千多種葡萄酒中挑選符合偏好條件的葡萄酒呈現給顧客。在伊勢丹新宿店則是從三十種葡萄酒、八十種日本酒中選出美酒推薦給顧客。由於日本酒沒有「苦

味」與「澀味」這兩種味道特徵，取而代之的是詢問顧客對於「鮮味」與「濃醇度」的感受。

伊勢丹還會針對顧客選購的美酒規劃配酒料理，也嘗試將AI應用於美食街，方便顧客進行選購。

這項AI技術是由開發出能因應個人喜好提出時尚穿搭建議的知名人工智慧APP「SENSY」的開發商COLORFUL BOARD，以及三菱食品聯手開發，基於實驗性質提供給大丸百貨與伊勢丹使用。除了零售業者以外，三菱食品也希望與食品原料生產業者、食品加工與食品製造業者攜手合作，充分利用透過人工智慧APP獲得的顧客口味偏好，使其發揮最大作用。人類的偏好很難用數字表現出來，但只要與遊戲趣味元素相結合，就能獲得亮眼的銷售成績。

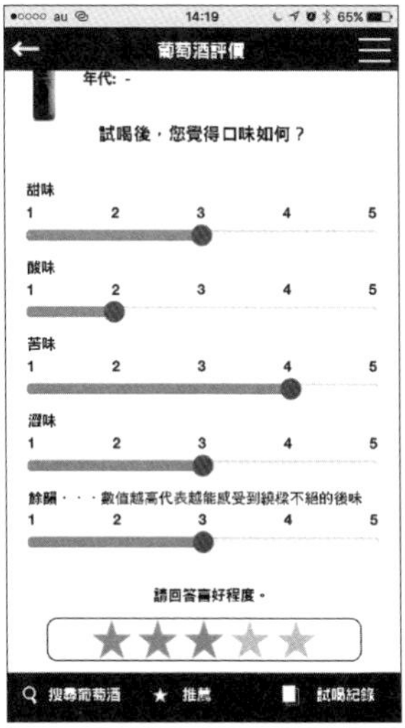

顧客回答偏好口味的畫面

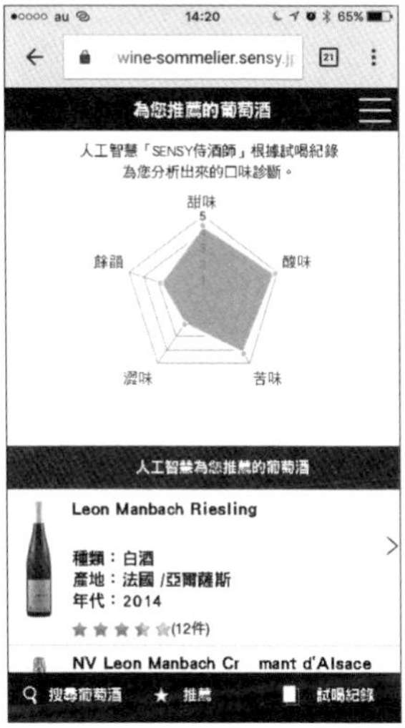

專為各個顧客生成的AI畫面

專家
教師・
補習班老師

利用ＡＩ判斷理解力與複習必要性，配合學生程度提供學習教材

證照學習的進度管理與指導 ▶▶▶ SiGHTViSiT

經營考照學習網站「證照 Square」的 SiGHTViSiT（東京都品川區），利用ＡＩ技術配合學生程度提供學習教材。因應司法考試與行政書士各個學生的答題趨勢，在最恰當的時機顯示最合適的問題。二〇一六年三月開始提供這項服務。

這項技術的構造是利用機械學習算出學生對每個問題的「理解點數」、需要再次學習的「複習點數」、累積至今的「信用點數」，再配合學生程度出題。

報名證照 Square 司法考試與行政書士課程的學生，在網路上聽完老師的解說後埋頭於線上教材中。ＡＩ引擎以這份測驗理解度的教材為中心，掌握學生個人特徵、整體學生答題特徵。SiGHTViSiT 的中村安幸執行董事說道：「這項實裝上線的服務不僅能提升重點題目的正確回答率，還能幫助學生成功考取證照。」

具體做法是讓學生從「當然是〇」、「應該是〇」、「應該是×」、「當然是×」四個選項

中擇一回答線上教材的問題。除了答錯的問題之外，即使答對卻沒有把握的題目也會被視為尚未完全理解，推高複習點數。再者，AI會針對多數學生答對自己卻答錯的題目，或是出題率高的題目採取加權計分，在下次考試中優先再度出題。

另外即使回答正確答案，AI也會選在學生容易遺忘的時間點再次出題。出現次數越少、距離上次學習愈久的題目，需要再次學習的點數也會被設定得越高。本項服務所採用的強化記憶訣竅，是腦科學研究者——東京大學池谷裕二教授提供的建議。

由於AI引擎判斷學生理解度的演算法具有通用性，「未來不排除視情況販賣給外界使用。」中村執行董事如此說道。

包含免費註冊的人數在內，證照Square的學生人數已經突破兩萬人。從二〇一七年度開始，將會把AI運用於司法考試驗證成效。往後預計擴大適用課程，同時利用AI引擎掌握成功考取證照的學生的學習模式，藉此充實線上教材。

由AI挑選照片與影片，以專業技術自動編輯回憶影像

影像創作 ▼▼▼ 美國Magisto

使用美國Magisto的照片自動編輯APP「Magisto」，AI會為使用者編輯儲存於智慧型手機的影片與照片。成品充滿故事性，彷彿經過專業影像創作者精心設計過一般。由於不需使用任何專業器材，便能自動做出可以隨意分享給任何人的內容，所以Magisto已擁有超過八千萬名的使用者。

選定手機上的影片與照片後，只要套用「舞蹈」、「說故事者」、「旅人」、「食物」、「寵物」等其中一種主題，再選定「Happy」、「Country」等其中一種音軌就能完成。資料會經由雲端上傳到Magisto的伺服器，稍待幾分鐘便能完成一部猶如高質感宣傳的自製影片。

這項服務使用獨家開發的AI——「動態感應器（Motion sensor）」作為核心技術。AI會解讀使用者擁有的影片與照片的內容，以及兩者之間的關聯性，配合整體氛圍掉換影片與照片順序，適時添加特效。

例如試著播放使用朋友小孩生日聚會當天的影片與照片製作而成的一分鐘影片。原本時間順序最早的生日蛋糕場景被調換到整部影片最高潮的部分。不僅如此，對著生日蛋糕拍手的場景添加了從雙手冒出彩虹與拉炮的華麗特效。雖比不上專業等級，但沒有一定能力與專門軟體可是做不出來的。

Magisto 透過增加人類的感性元素，提高 APP 本身的完成度。具體做法如以下所示：開發技術員委託專業攝影師（Videographer）製作「以生日為主題並感動人心的影片」。分析這段影像成品感動人心的要素之後，將這些邏輯加入 Magisto 使之反應於辨識功能上。

Magisto 不會辨識「生日蛋糕」、「拍手」之類的物體或舉止。充其量只能判斷影像與照片中具備哪些「正規」、「非正規」元素，哪種東西與哪種東西擁有高度關聯性。從那之中重新編輯素材，編寫出最好的故事。如此一來，就能擴大 AI 能夠處理的素材範圍。Magisto 的營運模式屬於免費增值（Freemium），若想製作更長的商業用影片則需要付費。

文／林智彥（博報堂互動導演 Interactive Director）

由AI執導的電視廣告，在作品人氣投票活動的得票數直逼人類

廣告創意總監 ▶▶▶ 麥肯廣告

AI廣告創意總監「AI-CD β」已開始在麥肯廣告公司（東京都港區）工作。由出生於八〇年代的有志員工開發，製作過專為「Clorets 口香糖」公司 Mondelēz Japan（東京都品川區）設計的宣傳活動。

AI-CD β 搭載分析各種電視廣告結構（包括被譽為日本廣告界最高獎項的「ACC CM FESTIVAL」過去十年間約一千項的得獎作品）後添加專屬標籤的資料庫。有了這個資料庫，只要輸入預計製作成廣告的商品、該公司名稱、廣告訊息訴求、宣傳目的、目標客群等概要，AI-CD β 便會提示該廣告必須具備的創意規則。例如「野生」、「歌曲」、「充滿都會感」、「加深淨化的印象」、「讓觀眾感到自由解放」等等。

「Clorets MINT TAB 口香糖」的商品特色是「口腔瞬間清涼，效果持續十分鐘！」為了測試 AI-CD β 的能力，以這個廣告訊息訴求為主題，讓 AI-CD β 輸出創意規則，製成廣告，並且與

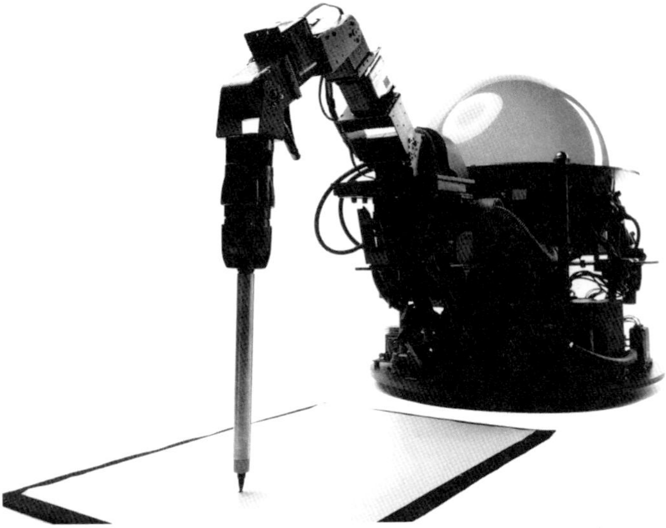

在麥肯廣告工作的「AI-CD β」

知名節目企劃倉本美津留一決高下。最後經由網路投票確定勝負，投票結果是百分之五十四比百分之四十六，人類創作者以些微差距險勝AI-CD β。

AI-CD β能提出被人類排除在外的各種大膽組合。在廣告製作這種創意產業也能見到AI以能力優秀的同事身分與人類共事，顯示「AI同僚」時代已然來臨。

訪談

AI導致專業技巧喪失價值

人類必須具備創造音樂連貫性的能力

真鍋大度▼Rhizomatiks董事

代表作品有 Perfume 的演唱會現場演出製作，在媒體藝術領域備受矚目。針對AI的未來發展，訪問致力於研究人工智慧應用的真鍋先生的意見。

——Rhizomatiks目前著手經營的事業有哪些？

利用新媒體技術創作藝術、運用新數位技術製作廣告或娛樂活動、在企業的開發研究領域之中，支援原型開發作業。

其中藝術創作的性質稍有不同，在本公司被擺放在近似研發新技術的位置。力求使用新技術創造完美的藝術呈現。

我們的目標是把在媒體藝術領域累積的訣竅，應用於廣告製作或娛樂活動等其他地方，實現新穎獨特的廣告表現，帶給消費者全新體驗。

——真鍋先生也致力於將人工智慧應用於DJ領域。請問您如何看待AI的發展潛力呢？

我們至今為止在藝術領域進行的種種實驗，已經開始陸續出現在商業領域。例如三越伊勢丹控股在伊勢丹新宿本店進行運用COLORFUL BOARD（東京都澀谷區）開發的時尚APP「SENSY」服務顧客的實驗。在AI的協助下，店員得以配合顧客喜好推薦合適商品。該公司也有參與SENSY的UI（User Interface，使用者介面）設計。

誰都不能保證這些嘗試一定會成功。但即使該項服務尚有不完善之處，仍需展現到眾人眼前，再聯合各界進行各種實驗。因為一旦開發出一個新構造，必須供人們實際利用取得相關數據，否則研發團隊根本無法評估這項新構造的好壞。這類型的實驗正在漸漸增加，我認為這是一種相當有趣的情況。

利用AI選曲讓所有人踏進舞池

——數據評估很重要，但利用自己打造的ＡＩ技術所形成的ＤＪ成功與否，該使用何種數據去做評價呢？

首先，我將自己的舊歌單數據以及來賓歌單數據應用於人工智慧ＤＪ上。利用這些數據，讓ＡＩ自動選曲。接下來，ＤＪ活動的共同主辦者們蒐集世界各地的歌單，共同打造出懂得使用全球通用數據的人工智慧ＤＪ，例如Ａ曲播放完畢後，將以極高機率播放Ｂ曲。

評價成功與否的方式很簡單，我們的目標是讓所有來店客人都踏進舞池。結合iPhone的加速計與３Ｄ掃描功能便能掌握總來客數。吧台客人的歌單也會被轉換為數據儲存起來，若想引領他們踏入舞池，只要播放他們偏愛的歌曲即可。只是現在還是人類較能帶動氣氛，吸引較多觀眾。不過若能持續不斷地蒐集數據，或許能從中學習到有趣的結果。

——目前獲得的實驗結果是人類比較適合當ＤＪ。請問您認為往後人類該與ＡＩ建立起何種關係呢？

我認為人類應該和ＡＩ攜手合作。拿ＤＪ為例，機械能在一瞬間找出鼓的節奏模式、和弦、和低音旋律（Bassline）相配的曲子。從眾多曲目中篩選出能列入吧台客人歌單的候補曲子，則是ＡＩ的擅長領域。但是觀察人群情緒與現場氣氛，最後挑選出真正要播放的一首曲子，這項作業果然還是只有人類辨得到。我認為這種整合音樂連貫性與創造音樂概念的能力，正是人類必須具備的。

照片的正確構圖與優異色彩平衡都能以數值呈現出來，但是機械卻無法判斷哪些照片才能觸動人心。例如以二十人為對象拍攝兩百多張人物寫真，然後讓不同人選擇哪張好看，可以發現大家喜歡的照片幾乎都差不多。可是我們卻很難讓機器做到這一點。配合連貫性與創作概念選擇拍攝的物體與拍攝的相片，這點將成為人類特有的價值。

另一方面，職人性質作業，以及技藝類的東西則會漸漸失去價值。以攝影為例，照片究竟是機械照的還是人類照的？這個問題將變得愈來愈不重要。另外在樂器演奏方面，我們常常可以聽到樂手展現神技演奏高難度曲子，但這反而是機械擅長的領域。比起職人性質作業，人類更應該追求的是創作概念。

因此，我對ＡＩ的在意程度也變得愈來愈薄弱。

從論文到實用化的速度競爭

——原因是什麼？

因為ＡＩ已走入實際應用階段。ＡＩ比想像中還要早被應用在像廣告案件這類的工作上。例如目前很多企業都有希望把數據轉化為圖形資料的需求。

至今為止，在一項新技術成為工作之前，大約需要花費五年的時間。在那之前，必須持續不斷地創作媒體藝術作品，最後才能真正應用於廣告娛樂等領域。可是ＡＩ與機械學習卻大幅縮短技術發展的時間。

當ＡＩ的新論文發表時，領先一步詮釋論文並將其實用化的人才能成為贏家。接下來則根據實用化的成果，掀起一場如何實際應用的競爭賽。論文、詮釋、應用，ＡＩ技術歷經這三個階段的發展速度快得驚人。

我們也會根據論文的理論創作作品，但是依舊面臨到大環境變化速度太快的問題。未來ＡＩ將成為和全體人類有關的大議題，我覺得這點相當有意思。但是想要長久跟上這股潮流不被淹沒則是十分困難的一件事。於是我開始思考若要在這股時代變遷中奮身一戰，是不是應該先脫離第一線戰場，嘗試用其他方法迎戰呢？

最近金融科技（FinTech）領域正積極發展多台無人機的自動操控技術。接下來我想打造無人機的全新應用方式：拍攝舞者時，利用無人機判斷舞者的動作、照明角度、陰影分布範圍等等，自動從最佳角度拍攝畫面。

真鍋大度

Rhizomatiks董事。二〇〇六年成立Rhizomatiks。二〇一五年開始與石橋素共同帶領Rhizomatiks Research部門，主要負責具有強大研發要素的專案計畫。擅長利用程式設計與互動設計（Interaction Design），與各領域藝術家共同創作。

※此文刊載於《日經BigData》二〇一六年三月號

從「東Robo君」一例得知

AI擅長的領域與人類無可取代之處

國立情報學研究所
社會共有知識研究中心所長
資訊社會相關研究系教授
新井紀子

二〇一一年，以國立情報學研究所（NII）為中心，啟動一項名為「機器人能否上東大」的研究計畫。簡而言之，該計畫內容是讓運用AI技術的「東Robo君」挑戰東京大學的入學測驗。「東Robo君」是一用來解答考題的軟體名稱。研究團隊展開各種研究活動，試圖在二〇一六年度大學入學中心考試中獲得高分，並以此作為執行計畫的基準。

達到考取「MARCH」、「關關同立」並可往產業界發展的水準

「東Robo君」接受過多次入學中心考試與專為東大考生設計的模擬考試，在二〇一六年六月報考「進研模試之綜合學術能力模擬考試」（Benesse Corporation，倍樂生），以及專為第二回合測驗設計的論述題模擬考試「第一回東大入學模擬考試」（代代木講座）。在入學中心的

模擬考試總共獲得五百二十五分（全國平均分數為四百五十四．八分）。偏差值延續去年度再次超越五十七來到五十七．一。這個成績代表在五百一十二所私立大學的一千三百四十三個學院、二十三所國立大學的三十個學院之中，「東Robo君」能考上的機率高達八成。其中還包含多個被合稱為「MARCH」、「關關同立」的關東關西頂尖私立大學的學院與科系。

另一方面，在論述題模擬考試中取得理科數學偏差值七十六．二的絕佳成績。在這個科目中，「東Robo君」會先把用日文寫成的問題句轉換為可計算的形式，再利用計算機代數系統對所提問題做出解答。整個解題過程中沒有任何人力介入，最後完成六個題目中的四題。

這項計畫運用了各種AI技術，包括自然語言處理、圖像辨識、知識推論法、機器翻譯、文獻

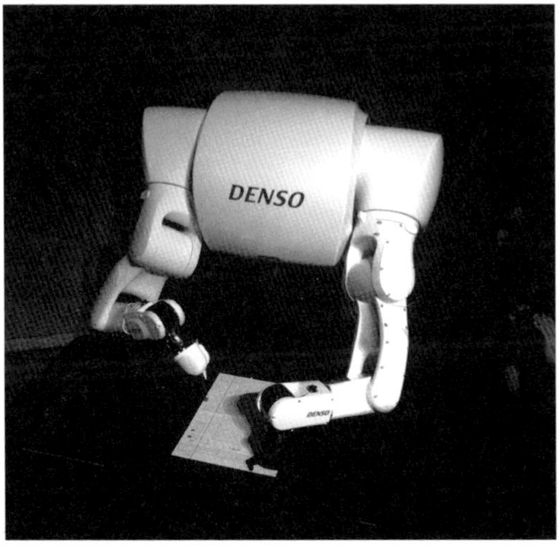

代替「東Robo君」系統書寫解答的機器人「東Robo之手」

檢索等等。今後預計將這個研究計畫培育的技術應用於產業界。當初成立這項計畫之際，其中一個目標便是在二〇二一年度突破「東京大學入學考試」這項難關。

然而想要實現這個目標，我們必須全方位研發這個研究計畫運用到的ＡＩ技術。或許這件事本身具備某種重大意義，但是我們認為接受實驗結果並專注於開發可應用於產業界的技術，對社會將有更大的貢獻。

看透ＡＩ可「做什麼」與「不能做什麼」

目前，全球對於「ＡＩ搶奪白領階級工作」的威脅論爭論不休。雖然商務人士在工作時不會用到大學入學考試技巧，但從同樣處理高腦力任務這點來看，兩者其實有相似之處。在這次的研究計畫中，經過短短幾年的研究開發，「東 Robo 君」便已超過一般學生的平均分數。ＡＩ很可能取代許多不用考慮意義儘管行動的工作。到了二〇二〇年的下半年，現今的白領階級很可能會有半數被機器取代。

雖統稱為「ＡＩ」，實際上其中包含各種技術。進入九〇年代後，ＡＩ研究陸續被細分為自然語言處理、圖像辨識、語音辨識等各種不同領域，ＡＩ領域的整體情況變得難以掌握。「使用

二〇一六年倍樂生中心模擬考結果

東Robo君的得分與全國平均分數

◆二〇一六年度進研模試　綜合學術能力模擬考試．六月

學科（滿分）	得分	全國平均	偏差值
國文（200）	96	96.8	49.7
數學IA（100）	70	54.4	57.8
數學IIB（100）	59	46.5	55.5
英文【筆試】（200）	95	92.9	50.5
英文【聽力】（50）	14	26.3	36.2
物理（100）	62	45.8	59.0
日本史 B（100）	52	47.3	52.9
世界史 B（100）	77	44.8	66.3
五科合計（950）	525	437.8	57.1

◆二〇一六年度　第一回東大入學模擬考試

學科（滿分）	得分	全國平均	偏差值
世界史（60）	16	14.5	51.8
數學【文科】（80）	46	19.9	68.1
數學【理科】（120）	80	30.8	76.2

▒ ：代表60以上與50以下的偏差值

被歸類為ＡＩ的技術，可以實現什麼事？沒辦法做到什麼事？」最後形成即使是專家也無法對這個問題做出明確回答的局面。

本次研究計畫融合了被細分為不同領域的各個成果，在最新型的電腦上挑戰高知識性的活動。藉由這個方法釐清可利用ＡＩ「做什麼」與「不能做什麼」，並讓大眾清楚理解，這也是本次研究計畫的最大目的之一。

應試者需要具備綜合知識能力才能通過大學入

學考試。閱讀並理解題目，綜合運用知識、常識與邏輯選出正確答案。而且不局限於特定領域，必須懂得應用於數學、國文、社會、理科等廣泛領域。如果讓ＡＩ挑戰具有以上特徵的大學入學考試，最後結果將成為思考「ＡＩ可能在哪個領域取代人類」的一種指標。

目前，ＡＩ領域的主流技術是根據大量統計數據獲取特徵和趨勢的「機械學習技術」，運用理論邏輯的研究手法漸趨式微。不過本次研究計畫依據學科，以及獲取資料量的不同，採用了不同技術加以應對。於是，我們把所能想到的ＡＩ技術全部試過一遍。

例如在英文科目的語法問題以及語詞排序問題中，我們讓東Robo君學習由五百億個單字組成、為數超過一百五十億的句子，最後成功讓它選出自然通順的語序。聽力測驗也採取同樣手法。另一方面，我們還蒐集了數千個用於數學問題的詞彙，建構精心設計的語法，試著將考試題目的句子翻譯成同義語句。透過結合正確的機器翻譯與計算機代數系統，解決用自然語言寫成的數學問題，這是自ＡＩ誕生於六〇年代開始，科學家一直渴望實現的願望。我們可說本次試驗深具意義，因為它讓這種方法第一次以有意義的形式運作，以及顯示出這種方法需要耗費多少費用。

然而，諸如國文和古文的閱讀測驗，以及英語的長篇文章閱讀測驗等數據非常有限。如何處理那些不能透過理論邏輯導出正確答案的問題類型，仍然是一個謎。

讓ＡＩ理解「意義」後做出推論，仍是一大挑戰

在這次的研究計畫，我們可以明白不管哪種ＡＩ技術都難以理解語言和文章的「意義」，也就是缺乏閱讀能力的意思。東Robo君記得過去二十年的入學考試考古題、所有教科書與辭典，以及維基百科。儘管如此，東Robo君卻連「在炎熱天氣中行走會讓人想喝冷飲」這種對人類而言只是常識程度的句子都無法理解。

「天氣那麼熱你還走路過來？」「是的。我口渴了，所以……」在入學中心模擬考試的英文科目中，有出現這種選出符合對話情境的正確句子的題目。這是一個需要重新排列英文單字，從中找出解答的問題。正確答案是「希望你能給我一杯冷飲（So I asked for something cold to drink）」，但東Robo君卻回答「我覺得很冷，請給我一杯飲料（So cold I asked for something to drink）」。

東Robo君為何會如此回答呢？這個問題隱藏著ＡＩ技術課題的本質。若遭遇比平常還要「炎熱」的狀況，人類可以想像該採取什麼行動來解決問題。可是ＡＩ無法理解文章的意義，自然難以推論「天氣那麼熱還走路過來」的人類下一步會採取什麼行動。

無法理解「意義」的理由是因為ＡＩ從頭到尾都是由數學組合而成。而數學則是由「邏輯」、「機率」和「統計」組成。ＡＩ會使用三者中的其中之一模擬人類的價值觀與想法。但就像哲學

家大衛・休謨（David Hume）曾說過的，純粹的理性並不會導出「寧願毀滅整個世界，也不願割傷自己手指」這種有違邏輯的決定。

機率和統計只能用來定義千篇一律的價值觀，例如「百人贊成的意見比十人贊成的意見更有價值」、「深受大眾信賴的人所說的話才是正確的」。網路上流通的餐廳與商品評價可以被統計分析，但是想要判定真正的美味或服務品質卻不是那麼容易就能辦到。

分析國高中生的閱讀能力，並以「超越ＡＩ水準」為目標

日本快速邁向少子高齡化社會的現象，即使擺在世界來看，仍是相當驚人的。不久的未來將產生勞動力嚴重不足的問題。如果把不用理解意義的工作交給ＡＩ處理，不就能有效改善人力短缺的問題嗎？如果人類專注於ＡＩ難以勝任的工作，就能大大提高勞動生產率。順應這股時代趨勢，人類有必要好好磨練（機器不擅長的）理解意義的能力。

然而，我們也在這次研究計畫中找到值得關注的新發現。作為本研究計畫的一個環節，我們開發了一套「閱讀能力測驗（Reading skill test，簡稱ＲＳＴ）」，以國中生與高中生為實施對象，利用科學方法診斷孩子們能否正確理解教科書上的簡單文章。結果顯示：接受ＲＳＴ測驗的六所

公立國中共三百四十名學生，其中約有半數學生無法理解教科書內容，約兩成學生連基本的表層意義都看不懂。這些學生和AI一樣，在理解意義的閱讀能力方面出了問題。實際上，分析模擬考試的結果也能發現成績不理想的學生與AI的得分情況很相似。

於是，我們決定啟動「新東Robo君計畫」來解決這些問題。本研究計畫有兩個主要目標：第一個目標是進一步研發東Robo君「擅長的事」與「可能擅長的事」，並將其提升至產業應用等級。第二個目標是提升國高中生的閱讀能力。透過RST多方診斷國高中學生的閱讀能力，讓所有國高中學生學到明顯勝過AI的閱讀能力。從二〇一六年開始，也會針對社會人士實施RST。

不久的將來，AI工作的身影將出現在許多企業中。但是，一味散佈AI搶走工作的威脅論也無濟於事。無論科技如何進步，AI始終無法理解「意義」，這點正是人類和AI有所區別的的最大強項。只要繼續磨練這個能力，率領勞動生產率極高的AI部下，或許就能創造出產值遠高於現況的無限商機。

新井紀子
一橋大學法學院畢業，美國伊利諾大學研究所數學系畢業。二〇〇六年，擔任國立情報學研究所教授。兼任「機器人能否上東大」的計畫主持人。

結論

當初決定提出「ＡＩ同僚」這個企劃案的契機有兩個。第一件事情是ＡＩ成為商務人士無可取代的「工作夥伴」，這樣的時代即將來臨。第二件事情是「ＡＩ會搶走人類的工作」的威脅論不斷被強調，人們對於ＡＩ的恐懼感只增不減。但是在大部分媒體報導的內容中，即使把「ＡＩ」置換成「電腦」，意思也一樣通順。就像ＩＴ應用到目前為止仍舊以我們人類為中心，所謂的價值很容易跟著人類灌輸的訊息而產生改變。

所以在本書中，我們決定把「ＡＩ」當作關鍵字，以嚴謹的現場採訪，以及ＡＩ專家的撰稿為基礎，對「ＡＩ」現況和未來的工作方式進行徹底考察。先進技術應用的實例除了現場採訪以外，還包含刊登於二〇一五年六月至二〇一七年一月發行的《日經 BigData》、《日經 Computer》、《日經 Business》，經過重新編輯的新聞報導（請參見下一頁）。

本書不僅展現出對「ＡＩ同僚」的興趣與關心，如果讀者能透過本書與ＡＩ攜手合作，創造嶄新的工作方式與商業價值，那將是本編輯部莫大的榮幸。

在此衷心感謝在本書出版過程中，協助撰稿與答應受訪的各方專家、負責設計工作的 tobufune，以及 ESTEM 的各位。

［出處］

P.68～71　日經BigData……二〇一六年九月號
P.72～75　日經BigData……二〇一六年九月號
P.82～83　日經BigData……二〇一五年六月號
P.85～87　日經BigData……二〇一六年三月號
P.88～91　日經BigData……二〇一六年九月號
P.94～97　日經BigData……二〇一六年十一月號
P.98～101　日經BigData……二〇一六年二月號
P.108～109　日經BigData……二〇一五年七月號
P.110～112　日經BigData……二〇一六年四月號
P.113～115　日經BigData……二〇一六年十二月號
P.116～117　日經BigData……二〇一五年七月號
P.118～119　日經BigData……二〇一六年十一月號
P.120～121　日經BigData……二〇一五年七月號
P.124～125　日經BigData……二〇一五年八月號
P.126～128　日經Computer……二〇一六年十月二十七日號
P.129～131　日經BigData……二〇一六年四月號
P.132～133　日經BigData（網站）……二〇一六年九月二十九日
P.134～136　日經BigData……二〇一五年六月號
P.137～138　日經BigData……二〇一五年九月號
P.139～140　日經BigData……二〇一五年七月號
P.172～173　日經BigData……二〇一六年十月號
P.174～175　日經BigData……二〇一五年九月號

※致歉事項
本書部分內容為刊登於二〇一五年六月～二〇一七年一月發行的《日經BigData》、《日經Computer》、《日經Business》，經過重新編輯的新聞報導。故所有數值與稱謂基本上以刊登報導的時間點為主。

［專題報導作者］

Recruit Holdings Recruit Institute of Technolgy推廣室室長／石山 洸

野村綜合研究所
未來創意發想中心二〇三〇年研究室／上田惠陶奈
顧問諮詢事業本部ＩＣＴ・資訊傳播產業顧問諮詢部／岸 浩稔
全球基礎建設顧問諮詢部／森井愛子

DATASECTION CTO（技術長）／池上俊介

國立情報學研究所 社會共有知識研究中心所長 資訊社會相關研究系教授／新井紀子

【VIEW職場力】2AB940

AI同僚

我的同事不是人！AI進入企業早已成真，人工智慧正在做什麼，我們又能做什麼？

作　　者／Nikkei Top Leader, Nikkei BigData
譯　　者／郭家惠
責任編輯／張智傑
校對協力／陳嬿守
版面設計／劉依婷
封面設計／陳文德
特約美編／劉依婷
行銷企劃／辛政遠、楊惠潔

總 編 輯／姚蜀芸
副 社 長／黃錫鉉
總 經 理／吳濱伶
發 行 人／何飛鵬
出　　版／創意市集
發　　行／城邦文化事業股份有限公司
歡迎光臨城邦讀書花園
網址：www.cite.com.tw
香港發行所／城邦（香港）出版集團有限公司
香港灣仔駱克道193號東超商業中心1樓
電話：(852) 25086231　傳真：(852) 25789337
E-mail：hkcite@biznetvigator.com
馬新發行所／城邦（馬新）出版集團
【Cite(M)Sdn Bhd】
41,jalan Radin Anum,
Bandar Baru Sri Petaling,
57000 Kuala Lumpur,Malaysia.
電話：(603) 90578822　傳真：(603) 90576622
E-mail:cite@cite.com.my

印　　刷／凱林彩印股份有限公司
2018 (民107) 年9月　初版一刷　Printed in Taiwan.
定價／320元

國家圖書館出版品預行編目資料

AI同僚：我的同事不是人！AI進入企業早已成真，人工智慧正在做什麼，我們又能做什麼？/ Nikkei Top Leader, Nikkei BigData
著. -- 初版. -- 臺北市 : 創意市集出版
: 城邦文化發行, 民107.9
　面；　公分-- (VIEW職場力 ; 2AB940)
ISBN 978-986-199-480-2(平裝)
1.資訊社會 2.人工智慧
541.415　　106015656